【文庫クセジュ】

世界のなかのフランスのフェミニズム

フロランス・ロシュフォール著
伊達聖伸訳

Que sais-je?

日本語版まえがき

この小さな書物が旅をして、すでにいくつかの翻訳を経たのち、今回日本にたどり着いたことを、非常に喜ばしく、また光栄に思っている。

フェミニズムの歴史は、従来はおもに国ごとに、そして言語的な同質性を前提として描かれてきた。だが現在では、世界規模での叙述が発展を遂げつつある。このような研究を進めるために、私は数多くの文献を渉猟し、国ごとの事例を並べ立てていくのではなく、共通の時代やテーマに基づく分析枠組みを練り上げることにした。ただし、こうしたアプローチは、自分がそうと意図していなくとも、フランス中心主義的な見方を押しつけることになる危険をともなっていた。それでも私は、一九八〇年代末以来フェミニズムの歴史に取り組み、このテーマで博士号を取得した最初の世代に属する研究者の一人として、長年の経験を踏まえつつ、この挑戦的な課題を受け入れることにした。状況のなかに置かれた視点を引き受けつつ、視野を広げていくことが必要であると考えたのである。

私は、女性が直面してきた不正義や不平等を告発する姿勢において、またそして今日ではジェンダー差別と呼ばれる問題について、深い共通点があることを強調したいと考えた。たとえばイランでは、ヴェールの被り方がおかしいからという理由で迫害される女性がいる。アフガニスタンでは、歌う自由すら奪われている女性がいる。そうした女性たちに対して、私たちは共通の感情を抱かずにはいられないのではないだろうか。

同時に私は、より平等な社会を築くための理論的・実践的な選択肢が多様であること、そして無数の国際的相互作用があり、文化的・政治的な異種混淆が行なわれていることをも明らかにしたいと考えた。いかなる社会や集団においても、あらかじめ定められたモデルなどは存在せず、女性の解放を訴える声は複数ある。また、その道のりは、一度きりの出来事で決まるようなものではない。たしかに、私はこうした歴史を彩ってきた多くの人物に共感を抱いている。しかし、歴史家としての私の仕事は、自由と平等を求めるそれぞれの闘いの類型に固有の複雑さと矛盾が存在する事実を説明することにある。

現代の議論では、普遍主義と特殊性の緊張関係がしばしば見られる。その背景には、西洋の覇権を相対化し、さらには覆そうとする思想潮流がある。同時に、交流関係史やグローバル・ヒストリーが発展を遂げ、西洋近代によって構築された負の鏡像としての「東洋《オリエント》」概念そのものに疑問を投げかけている。そうしたなかで私は、しばしば葛藤を孕むものの、全面対立とは言えない競合するダイナミズムを和解させること、少なくともそれを説明する試みは可能ではないかと考えた。世界のなかのフェミニズムの歴史という本書の試みは、哲学者フランソワーズ・コランが言う「多元的普遍世界《プリュリヴェルサリスト》」の観点から探索と実験を行なおうとするもので、錯綜したトランスナショナルなアプローチに視点を開いていくことを意図している。

ここで問われているのは、起源の問題というよりも、解放思想の異種混淆的な効果に関する問題である。たとえば、非西洋社会においてフェミニズムはしばしば外来の現象とされ、女性解放の提案は受け入れがたい異質なもの、さらには植民地主義的なものとして拒否されることがある。このような主張に対してどのように応答するかが問われている。ところで、男性支配という現象には多様な形があるが、それはある種の普遍的な形式、少なくとも共通の遺産に起因しているように思われる。この遺産はさまざまな形で表現され、他の抑圧形態と絡み合いながら繰り返し立ち現れてきたが、そこには男性が女性よりも、男性的なものが女性的なものよりも優れているという前提がある。このような抑圧に抗う試みは、それをどのように名付けるかにかかわらず、あらゆる社会における歴史的探究のなかで見つけることができる。

多くのフェミニズムの作品や翻訳、そして研究は、フェミニズム運動と思想の豊かな広がりを示しており、不平等の緩和、さらにはその撤廃を目指している。本書は、さまざまなフェミニズムの歴史的・世界的な豊かさを提示することを目的としている。そこには、イギリスの思想家ジョン・

スチュアート・ミルが一八七九年の段階で日本語に翻訳されたことの重要性や、平塚らいてう（一八八六〜一九七一）が創刊した『青鞜』における「新しい女性」のイメージ、そして一九二〇年代に「産児制限」の闘いを日本にもたらした社会主義者でフェミニストの加藤シヅエ（一八九七〜二〇〇一）の姿なども含まれている。他にも、日本のフェミニズムの土壌を豊かにする多くの事例を挙げることができるだろう。それらは、他国の歴史的・地理的な特徴を帯びたさまざまな例とともに提示されるべきものである。

新しい世代は、男女平等への新たな期待と闘いの展望を抱いている。二〇一七年の #MeToo 運動以降、女性に対する暴力の告発は世界的な規模で広がり、日本もその例外ではなかったと承知している。かつて、女性は教育や労働へのアクセス、創造的な仕事に携わる権利などが限られていた。家庭内の不平等、身体や性の解放、市民権や政治的責任へのアクセスなどの問題は、国境を越えて存在していた。これらは、現在でも解決が求められる課題である。女性たちの声やその主張には、実は驚くほどの共通性がある。重要なのは、法律を変えること、そしてさらに教育、行動、ジェンダー関係、そして家父長制的な文化を変えることである。ただし、選ばれる言葉や表現、連帯や支援の形、さらにはこうした問題への対応の仕方は、各国や地域の文脈に独自のものである。

人文社会科学の分野では、翻訳が考察を豊かにし、国際交流に寄与する重要性は広く知られている。そもそも思想の歴史そのものが、異なる大陸や国々のあいだの行き来によって形成されてきたものと言える。翻訳は決して同じ内容の複製ではなく、それはすでに特定の言語と思考の枠組みへの適応なのである。この小著も、そのささやかな一例である。本書が、まだあまり知られていない知識を共有する機会となり、その知識がさらに豊かになることを願っている。

ここに本書は日本語版として再び生まれた。それは研究仲間である伊達聖伸氏の尽力によるものである。フランスの専門家である伊達氏と私は、ライシテの歴史と比較研究について関心を共有している。本書が、新たな読書や執筆のきっかけとなり、女性の権利とジェンダーの解放に関する素晴らしい冒険の歴史が、さらに広がることを願っている。また、このテーマに関する日本の研究が、フランスでも広く知られるようになることを望んでいる。本書を楽しんで読んでいただければ幸いである。

目次

序章　グローバルなアプローチ

二十世紀における女性の解放は、あらゆる社会を揺るがす一大事件であった。その影響の規模は大小さまざまであり、時間的にも地理的にも異なる速度や形態で進展した。しかし、しばしば忘れられがちなのは、男女平等を求める闘いにおいて、女性の基本的自由の獲得において、そしてジェンダーの役割やアイデンティティのより開放的で流動的な定義の受容と普及において、いかにさまざまなフェミニズムがこれまで決定的な役割を果たしてきたか、そして現在もなお果たしているかという点である。現在の状況は、相変わらず不平等の遺産が厳然と聳え立っていることを定期的に思い起こさせてくれるが、さまざまなフェミニズムは、これに対抗すべく、現在もなお継続的に活動を続けている。

なぜ、さまざまなフェミニズムと複数形で語る必要があるのだろうか。フェミニズムは、悪魔化されたり黙殺されたりしがちで、多くの誤解や体系的な誹謗中傷にさらされてきた。その一方で、社会科学によって構築される研究対象ともなってきた。いまや、フェミニズムには歴史がある。ここでも、さまざまな歴史と複数形で語るべきかもしれない。定義や目的や実行手段をめぐる内部での議論は、フェミニズムが実に多様であることを示しているが、そうした多様性が考慮に入れられることは稀で、常識や記憶によって否定されることも珍しくない。しかし、歴史的な見地に立つならば、この闘いは多様なものであって、複数形を用いるのがふさわしい。実際、フェミニズムという語は、非常に対照的で論争的な現実を広くカバーしている。そうした現実は、個々人によって担われることもあれば、集団によって担われることもある。それはさまざまな思想的・哲学的・政治的な思想潮流や社会的・政治的な動員に表われている。フェミニズムは、女性の権利と思想と行動の自由を求める闘いとして定義することができるだろう。男女平等を求めるこの闘いは広範なもので、男性支配による女性の従属に対する批判のみならず、ジェンダー規範に対する批判も含まれる。というのも、フェミニズムはまずは女性に優先的に関わるものだとしても、より一般的には女性的なものや女性らしさの規範の定義に関わり、さらには男性的なものや男性らしさの定義にも関わるものだからで、これらの定義は相互に関係している。一九七〇年代にフェミニズム思想によって形作られたジェンダーの概念は、家父長的な階層制の非常に多様なシステムを指しており、なかにはその恩恵にあずかる女性もいれば、それに反対する男性や、その犠牲になっている男性もいる。フェミニズムの課題のひとつは、ジェンダーの不平等を解読可能にし、可視化することであるが、その不平等は生得的で運命的なものであるという思想によって否定されることも多い。

このような不当な扱いに対する数多くの反乱が、フェミニズムの複雑な地図を作り上げている。フェミニズムの定義は相関的なものであって、それが対峙する支配の形態によって、またそれぞれの時代や社会そしてさまざまな社会集団が平等と自由の概念にいかなる内容を与えるかによって変化する。女性と男性の違いやセクシュアリティについての考え方も、具体的な文脈によって、また表現や動員の機会によって条件づけられている。当事者による自己定義は、考慮に入れるべきものではあるが、十分な基準とは言えない。フェミニストを自称しながら、この問題について非常に限定的な野望しか持っていないこともあるし、逆に、フェミニストの呼称を拒否しつつ、性の平等に強く賛同する姿勢が示されることもある。実際、よく知られた「私はフェミニストではないのですが……」との断りのあとで、非常に内容の濃い宣言がなされる場合もある。活動家のなかには、「ウーマニスト」や「女性運動」など、〔「フェミニスト」のように意味が染みついておらず〕相対的に安心感を与えうる他の言葉を選ぶ者もいる。歴史学の見地から言えば、課題はフェミニズムの良し悪しの基準を確立することではなく、ときには矛盾し合うこともある論理やその両義性を位置づけ直して記述することにある。これらの要素は、時代によって変化するし、地域か国か国際社会かのレベルによっても変化する。

では、なぜこのような総合的な企てを世界規模ですることを選んだのだろうか。明らかなのは、多分野の学際的な百科事典では、現在の緊急性によって絶えず見直されるこのような主題を汲み尽くすには不十分だろうということである。本書の目的はむしろ、フェミニズムの思想と運動の歴史について、いくつかの大きな流れを押さえることである。これは、いわば大所高所からひとつの眺望を得ることであって、いくつかの山の頂は見えても、少なからぬ本質的な議論や魅力ある人物たちの伝記的な歩みは捨象することになってしまうだろう。このような計画が必然的に断片的なものになってしまう事態は避けられないが、それでも私は、グローバル史に挑戦しないわけにはいかないと考えた。この挑戦は、さまざまな論集などで、国別に企てられているが、総合的な見地からのものはまだかなり少ない。[1]というのも、そもそもフェミニズムの歴史研究は深化発展を遂げて、多様化しているからである。探検すべき広大な領野がまだ残っているとはいえ、それは一九八〇年代以降、あらゆる大陸に広がった。ラテンアメリカ、アジア、アラブ諸国やサハラ以南アフリカ諸国は、いまや独自のフェミニズムの歴史を持っている。このような重要な貢献を踏まえ、他の分野で研究が進んでいる見方を取り入れたもうひとつの世界史の観点から、グローバル史なり交流史なりを描く必要がある。本書の目的のひとつは、西洋において男女平等の問題が出現すると同時に、それが早くも根を張り出す様子を非西洋的な文脈からたどることができることを示すことである。それが根づいたのは外来のものの移植としてではなく、ある種の適応化と独自の原動力によるものであって、植民地支配との関係はしばしば逆説に満ちている。女性に対する不平等と不公正の拒絶は、人権と女性の権利の思想によって育まれている。異議申し立ての土壌は、それぞれに固有の空間に応じて非常に多様であると同時に、コスモポリタンな視点との相互作用の関係に置かれている。そこで、互いに浸透しあう「北」と「南」

の相互交流の複雑さを示すことが課題となる。

　このようなつながりは、現代フェミニズムの課題に呼応して影響を受ける歴史認識の問題において、ますます根本的なものとなっている。二〇〇〇年代以降のフェミニズムでは、エスニック・マイノリティやセクシュアル・マイノリティの承認、また複合的アイデンティティの政治化が課題となっている〔本書第三章Ⅲ5などを参照〕。それ以前のフェミニズムが想定していた「女性」というカテゴリーが脱自明化するなかで、フェミニズムの政治的主題は複雑化している。西洋の新自由主義的《ネオリベラル》な覇権に対する国境横断的《トランスナショナル》な異議申し立ては、フェミニズムの内部でも作用している構造化された人種差別《レイシズム》と不平等に対する糾弾をともなうもので、そのような観点からの新しい歴史研究が企てられてきた。あらゆる状況において男性支配が優勢であるという考えに対して、（社会構築主義的なカテゴリーとしての）ジェンダー、階級、人種の関係、そしてエスニシティ、ネイション、宗教、世代などの複合的な所属の交差性《インターセクショナリティ》を分析すること、つまり複数の抑圧と異議申し立てが錯綜する層を分析することが提案されつつある。現代フェミニズムの新しい声は歴史の読み直しを呼びかけており、国境横断的《トランスナショナル》な問題の系譜、マイノリティの声、他の社会運動や政治運動との関連などに、より注意深

（1）Offen, 2012 ; Hannam, 2007.

くなることが求められている。

しかし、このようにしてフェミニズムの歴史を洗練させるには、どこまで時代をさかのぼるべきなのだろうか。フェミニストという言葉がフランス語に登場するのは、一八七二年になってからのことにすぎない。それはアレクサンドル・デュマ・フィス〔一八二四〜一八九五〕が辛辣な意味合いを込めて記した語であって、異常なまでに女性的な男性を表わす医学用語を使って、男女平等を求める闘いを支持する男性たちをこき下ろしたのである。この言葉は、フランスの女性参政権論者ユベルティーヌ・オークレール〔一八四八〜一九一四〕によって今日私たちが知っているような闘争的な意味合いで使われ、その後フランス全土で用いられ、さらには多くの言語に普及するなかで、しばしば体制転覆的で不穏な意味合いを帯びるようになった。この言葉の意味や使用法をめぐっては、いまでもやや混乱が続いているが、それはこの語の意味合いが時代や言語的背景によって異なるからである。

そもそも、フェミニストやフェミニズムという言葉が登場するよりもずっと前から、男女平等と女性の自由を求める闘いは存在していたのである。一四〇五年、クリスティーヌ・ド・ピザン〔一三六四頃〜一四三〇頃：ヴェネツィア出身で、おもにパリの宮廷で活動〕――すでに十九世紀のフェミニストたちによって知られていた人物である――は、有名な著作『女の都』〔フランス初の女性による女性擁護の作品とされる〕のなかで、弱い性の悪口を言う当時の女性蔑視《ミソジニー》の偏見を反駁し、女性と男性は本来平等であるという考えを擁護して、女性が知識にアクセスすることを訴えた。現在でも彼女をフェミニズムの歴史の始まりに位置づける著作は多いが、「フェミニズム」という言葉の遡及的な使用は政治的すぎると考える慎重派もいる。フェミニズムの意味を定義することは、実のところ、この言葉が登場する以前であれ以後であれ、同じく複雑である。いずれにせよ重要なのは、中世から現代に至るまで、すべてが平等主義の進歩に向かって滑らかにつながっていると見えるような目的論的な観点を採用しないことである。平等と自由はあらゆる時代と場所で同じ意味を持つわけではない。男性支配や家父長制の形態も複数存在し、他の階層制とも絡まり合って絶えず更新されている。まさにそれゆえに、社会的・政治的な異議申し立て、違反や侵犯、衝突回避のあり方もさまざまなのである。表現の自由の文脈が、あるいは逆に抑圧や弾圧の文脈が、運動の出現と発展を条件づけており、その国の人びとの歴史に定着するか否かを左右する。複数形で表記されるフェミニズムには対照的な運動も含まれるが、それでもフェミニズムは国境横断的《トランスナショナル》なダイナミズムを通してそのメッセージを広めている。そのダイナミズムは、翻訳によって、人や思想の移動そして出会いとネットワークの可能性によって育まれてきたものである。

本書で焦点を当てるのは、十八世紀のアメリカ革命とフランス革命に続いて生じたさまざまなフェミニズムである。これを機に、政治的平等、市民権、人権、基本的自由の問題が提起されるようになった。これ以来フェミニズムの問題は、原則上の平等と各個人の自然権の名において、さまざまな権利を法の領域において具体的に明記することをめぐって展開されてきた。それは、社会的、政治的、文化的、象徴的な領域にも及んだ。教育への権利、労働への権利、市民権の獲得、家庭や親密な関係を含むあらゆる分野における平等などがそれである。また、人格の尊重と身体の完全性への権利、子どもを産むかどうかの選択権、そして最近では異性愛に束縛されないセクシュアリティへの権利などもそれに該当する。さらには、発言への権利、創造的活動への権利、可視性への権利、公の場で認められる表現への権利なども含まれる。権利のための闘争は、不平等を強化する偏見や、女性蔑視的な常識、慣習、ジェンダー規範、表象との闘いをともなう。フェミニズムと女性的なものの関係は、絶えざる再検討にさらされる性質のものである。そもそもフェミニズムの目的は逆説的なものであって、特定の領域（経済生活、社会闘争、芸術、言語、エクリチュールなど）において女性や女性的なものの名誉回復と承認のために活動することもあれば、他の状況ではジェンダーへの無関心や中立が可能になることを目指す場合もあるが、それは同じ領域における否定的ステレオタイプや特殊性の概念への封じ込めを避けるためである。このような目的は、フェミニストの闘いと手を組む男性たちの目的とも共通のものでありうる。実際的な権利や要求を超えたところで、しばしばフェミニズムを最もよく特徴づけているのは、潜在的な可能性の開放であり、ジェンダー関係は別のものでありうるというユートピアである。

本書は、できるかぎりフェミニズムの多様性を示すことを選んだ。フェミニズム運動の流れは多様で、星雲のように曖昧模糊とした形態をしているが、それは分野が大きく広がっているうえ、平等と自由の概念がさまざまに解釈されうるからである。運動のなかには、目的を一つの側面だけに絞り込むものもあれば、できるかぎり広い改革の展望に立つものもある。運動の目的が主題を限定した改革主義的なものか、それとも逆に革命的な社会変化を目的としているのかも差異化の基準となる。たんなる法律や文化の変革が目指されているのか、それともその変革をより広範な政治的プロジェクトに結びつけようとしているのか。こうして、フェミニズムが着想を得たり、基準としたりしている、よりグローバルな政治的射程についての問いも提起される。その政治的傾向を特徴づける際には、無政府主義的《アナキスト》、社会主義的、民族主義的《ナショナリスト》、植民地主義的、反植民地主義的などの形容詞が付されることが多い。キリスト教フェミニズム、ユダヤ・フェミニズム、仏教フェミニズム、イスラーム・フェミニズムのように、宗教の名が冠せられることもある。多かれ少なかれ急進的で挑発的なものか、それとも穏健で慎重なものか、戦略や戦術に応じて類型化することもできる。最も記憶に残る論争のひとつは、法律を尊重しながら女性の参政権を求める者たちと女性参政権運動家《サフラジェット》のあいだで行なわれたもので、後者は暴力的行動に訴えた。

このような見解の違いがあるにもかかわらず、教育、政治的権利、家庭内の平等、避妊と中絶、男女同数《パリテ》、性的自由などの重要な要求については、散在していた闘争のエネルギーが国内外で結集するのが一般的で、しばしば成功を収めてきた。ただし、弾圧や反動的な政策が行なわれる時期には、その成果が否定されることもある。

優先課題に応じて、政党、組合、結社、宗教、政府と同盟関係が結ばれ、女性の動員能力が運動を増幅させる。このように、フェミニズムの星雲の境界線は流動的で、課題とそれをとらえる視点によって変化し、とりわけ女性の運動ないし女性の動員によって揺れ動く。では、焦点を合わせる対象をどこまで拡大すべきだろうか。女性解放を決定づける要因は多様であり、フェミニズムだけが関与しているわけではないことは明らかである。女性の自立やジェンダー不平等の意識化に寄与するそれらの要因は、経済や政治の変化、都市化、人口動態、宗教的潮流とも関連している。それらは、男女平等を促進することもあるが、逆に新たな障害となって立ちはだかることもある。事例研究を見れば、女性が発言することは、ジェンダー意識を高めて変化を促し、不平等を揺るがす要因になる一方で、すべての女性の行動がそれ自体でフェミニスト的とは言えないこともわかる。実際、女性運動が女性参政権に反対し、家庭内の平等や中絶の権利に反対するために立ち上がったことは何度もある。これに対する女性たちの抵抗の経験が、フェミニズムを育んできたのである。このような点に注目すべきであると力強く訴えているのが、たとえば黒人フェミニストあるいは「南」のフェミニストで、闘争や歴史の物語から彼女たちを排除するような、あまりに限定的にすぎるアプローチを拒絶している。今日、フェミニズムの歴史を書くということは、その歴史の一角を占めると主張する複数の物語を織り交ぜ、複数の焦点を設けることは可能かつ有効であることを理解してもらえるよう、実際に説明を試みることである。複数の同心円がどんどん広がっていき、次第に色彩が薄くなっていくような図を想像することができるだろう。あちこちに散らばった円が部分的に重なる様子を思い描いてもらってもよい。運動が弱体化していたり、大きく妨害されたりしている縮小時期を研究すると、定義や分析の枠組みを広げる必要もあることがわかる。既存の分析枠組みは、基本的にはネイションの単位で作り上げられてきたもので、国境横断的《トランスナショナル》で国際的《インターナショナル》なダイナミズムは十九世紀以来強調されてきたにもかかわらず、歴史叙述はある種の「方法論的ナショナリズム」を乗り越えることが困難なのが現状である。視点を空間的に広げる選択は、女性の権利と解放という概念をめぐるフェミニズムの思想と社会運動の歴史に注目するという、より限定的な視点の採用と関係している。それは、フェミニズムを形成する主体性よりもフェミニズムの政治的力学を重視する視点である。

フランスおよびヨーロッパとアメリカの歴史におけるフェミニズム運動の大まかな枠組を出発点としつつ、まだ十分に知られていないフェミニズムの思想運動や社会運動を取り上げ、少数派の声を拾いあげること、そしてすべてを網羅することは断念しつつ、経験や論争、分析の対立や戦略の多様性を、よりグローバルな規模で示すことが重要であると考えた。世界規模の見地に立てば通用しにくくなる「波」という語はあえて用いずに、ある種の連続性のなかにある差異と不均衡を強調したかったのである。

世界規模の空間に関する長期間にわたる総合的な見方を提示する選択をした本書は、三つの主要な年代を区別している。十八世紀末から一八六〇年代にかけて、すでに多様なフェミニズムが、おもに西洋において現われたが、それらは散発的で、あまり組織化されていなかった。当時の異議申し立ては、不平等なジェンダー体制、つまり男女の不平等を前提として組織される社会において展開された。フェミニズムは「女性」という政治的カテゴリーを構築し、奴隷制廃止運動に触発されながら、とりわけ教育と結婚における平等な権利の原則の承認を強く求めた。次に、一八六〇年代から第二次世界大戦までの時期には、女性の市民的・政治的権利を求める広範な運動が各国で、また国際的に組織され、新しい女性のユートピアの概念が広まった。第三期は、一九四五年（国連憲章）から二〇〇〇年代にかけての時期で、権利のための闘いを続けるフェミニズムは、しばしば制度化を達成した。その一方で、一九六〇年代には反植民地闘争や新左翼《ニューレフト》と連携して、女性解放を求める運動が登場した。これらの運動は、セクシュアリティ、親密性、主体性の政治化を提唱した。それは前例のない規模のものだった。この政治化は現在もなお続いており、近年の異議申し立ての基盤を形成している。これらの各時代において、女性の権利と女性の解放の問題は、平等と自由、改革主義とユートピアの対話を通じて関連づけられてきた。

第一章　男女平等の主張と女性の解放（一七八九年～一八六〇年）

Ⅰ　人権（男性の権利）と女性の権利——アメリカおよびフランスの革命の潮流

1　「基礎」を築いた平等主義の主張

アメリカとフランスの革命は、新しい政治の時代を開いた。平等と自由の原則を頭で考えるだけではなく、可能なものにする時代の到来である。「弱い性」としての女性の劣位とその役割については長い論争があり、広く文学の主題にもなってきたテーマで、中国でも女性の教育や纏足をめぐる議論が見られたが、そうした女性をめぐる議論が、人権（男性の権利）および男性の市民権の尊重に基づく体制の確立とともに更新された。女性の市民的・政治的平等の問題は、具体的には政治的専制の糾弾という形で提起された。そして、私的・公的領域における男性支配がより明確な形で認識され、糾弾すべきものであるとされたのである。

たしかに、男女平等を擁護したことで知られる人物たちは古くからいた。フランスにはプーラン・

ド・ラ・バール（十七世紀）〔一六四七～一七二五：デカルト的懐疑を男性の優位と女性の劣位という偏見に適用し、男性フェミニストの先駆者とされる〕やデピネー夫人（十八世紀）〔一七二六～一七八三：パリなどでサロンを開き、ヴォルテール、ディドロ、ルソーらを迎え入れた〕がいたし、イギリスにはメアリー・アステル（十七世紀）〔一六六六～一七三一：女性が不幸な結婚から救われるには適切な教育が必要であると主張し、イギリス最初のフェミニズム理論家とされる〕やキャサリン・マカーリー（十八世紀）〔一七三一～一七九一：女性歴史家〕がいた。アメリカにはジュディス・サージェント・マレー（十八世紀）〔一七五一～一八二〇：アメリカで最初に男女平等思想を主張した一人とされる劇作家・詩人〕がいたし、スペインにはベニート・ジェロニモ・フェイジョ（十八世紀）〔一六七六～一七六四：ガリシア地方の新古典派修道士で、科学的・経験的思考を重視し、スペイン啓蒙主義を主導した〕やホセファ・アマール・イ・ボルボン（十八世紀）〔一七四九～一八三三：一七八二年にアラゴン経済協会に女性として初めて入会し、啓蒙主義的な女性として認められた〕がいた。(1) しかし、啓蒙の時代にはむしろ、男女間には自然で通約不可能な差異があるという考え方が、解剖学や生理学と結びついて広く支配的になった。ジェンダーの思想は、女性賛美《フィロジニー》のニュアンスを帯びることもあったが、むしろ差異の名のもとに、男女の法的・社会的不平等や女子教育の欠如を正当化した。女性に開かれた職業は少なく、給料は低かった。女性は、まずは父親、次いで夫に法的に依存する存在であるとされた。アメリカおよびフランスの革命の期間、この差異主義的イデオロギーは新たな政治的基盤を見出した。資質の区別と役割の分業は、合理性を男性側に置くことによって公共圏を管理する役回りを男性に与える一方で、女性を感受性と結びつけ、家族や家庭や市民の生活での女性の使命は、男性市民の妻や母の役割に限定された。権力の男性性は、あらゆる領域にわたって、新しい革命的あるいは共和主義的秩序に不可欠とされるモデルに依拠していた。[2]

　これに対し、絶対主義の批判者たちは、女性を包摂すべきであると主張した。たとえば、フランスには哲学者のコンドルセ（一七四三～一七九四）や劇作家のオランプ・ド・グージュ（一七四八～一七九三）がいたし、プロイセンでは哲学者のテオドール・フォン・ヒッペル（一七四一～一七九六）がおり、イギリスには著述家のメアリー・ウルストンクラフト（一七五九～一七九七）がいた。これら創立期の人物たちは、その意見を表明した時点では必ずしも反響を得ることができなかったが、それでも改革主義的な環境のなかで培われた平等主義的な思想の活力は、革命という時代状況のなかで証明された。これらの人びとの基本的な議論は、男性特権に抵抗するというもので、女性を抽象的個人として、また平等を主張する政治的カテゴリーとして考えることを可能にした。とりわけメアリー・ウルストンクラフトは、女性らしさの規範が女性の成長開花を妨げているという深い洞察を行なった。十九世紀の世界のフェミニズム運動は、これらの創設者たちのテクストから着想を得ている。

（1）Offen, 2012.
（2）Fraisse, 1995.

コンドルセの抽象的な思考と比べ、オランプ・ド・グージュとメアリー・ウルストンクラフトのテクストは、彼女たちの個別具体的な経験に根ざしている。グージュは私生児であり、一人息子を抱えた若い未亡人として貧しく、経済的援助を受けていた。ウルストンクラフトは経済的に困窮したイギリス家庭の出身で、暴力的な父親に従わされていた。革命の雰囲気が高揚するなか、二人はそれぞれのやり方で理性に訴え、男性がその闘争のなかに女性の権利を含めるよう、女性が従属的な女性性を捨て去るよう働きかけた。無神論者のグージュは、マリー・アントワネットに捧げた数ページの『女性と女性市民の権利宣言』のなかで、自然法の名において発言し、一七八九年の『人と市民の権利宣言』を手本としながら、一七九一年憲法に定められた納税額に基づく選挙権から女性が排除されていることに反論した。ユニテリアンだったウルストンクラフトは、神の意志による本来の平等と道徳的改革の名において、『女性の権利の擁護』と題する作品を六週間で書きあげた。二人とも、小ブルジョワジー――メアリー・ウルストンクラフトは「中産階級」と呼んだ――の女性たちの代弁者であった。彼女たち自身、裕福な社会環境に置かれた女性たちの欠点――軽薄、吝嗇、無知――を嘆いているが、その原因は女性の本性にあるのではなく、教育不足や、女性を公共空間から遠ざけ、誘惑者の役割に留め置く男性の「抑圧」や「専制」にあると考えた。オランプ・ド・グージュは、『女性と女性市民の権利宣言』の跋文において、「女よ、目を覚ませ〔……〕、自分の権利を認めよ」と、より直接的に女性たちに語りかけている。メアリー・ウルストンクラフトは、暗黙のうちに女性を服従に加担させてしまう偏見に鋭い視線を向けている。彼女は女性たちに道徳的な完成を説き勧め、近代的であるようにと訴え、コンドルセと同じく教育——しかも男女混合教育——を主張した。ただし、その対象は裕福な階級に限られていた。

オランプ・ド・グージュとメアリー・ウルストンクラフトは、宗教の自由（フランスではユダヤ教とプロテスタントが公認された）や奴隷制廃止を支持する言説と同様の言葉を用いた。尊厳と幸福への自然権の名において、女性が適切な教育、職業生活、市民的・家族的・政治的平等を享受することを要求したのである。平等は社会的有用性を持つものとされ、社会全体にとって有益なものだからと、男性もこの闘いに参加するように促された。グージュとウルストンクラフトは、男性的とされる発言をし、評判を落とし、嘲笑され、頭がおかしいとの烙印を押されるリスクを冒した。実際、多くの批判者がそのような烙印を押し、十九世紀のフェミニストによる復権までには時間を要した。とはいえ、このような危険を冒したのは、彼女たち二人だけではなかった。コンドルセ夫人のサークルに近い位置にいたエッタ・パルム・デルデル〔一七四三〜一七九九：フランス革命期に活躍したオランダ出身の女性活動家〕やテロワーニュ・ド・メリクール〔一七六二〜一八一七：男装の女性革命家として知られ、「自由のアマゾンヌ」の異名を持つ〕のような女性革命家たちが率先してクラブを設立したし、民衆社会の女性たちも自分たちの要求を主張した。一七九四年にはイタリアのローザ・カリフロニアが〔『女性の権利擁護のための短い弁明』において〕、フランスの革命家は女性たちを遠ざけていると批判した。フランスでは、革命的ブルジョワジーとサンキュロットの対立、ジロンド派とジャコバン派の対立が起きていたが、女性たちの異議申し立ての声も、この社会的・政治的分裂を通して表現されていた。

2　ジェンダー意識と革命派女性の社会運動

革命の過程において、女性の社会運動は根本的な役割を果たしている。それは男女平等の要求が生まれる土壌となった。女性たちは、数々の制約にもかかわらず、個人として、また集団として、第一線で活躍する当事者たる姿勢を明確にした。彼女たちは、パンフレットや手紙や嘆願書を書き、サークルやクラブに集まり、街頭でデモ行進をした。革命の舞台に登場した彼女たちは、ジェンダー意識に目覚めた。それは、共通の運命と目標を共有する女性たちの集まりという特定の社会集団に属していることの自覚を促し、「私たち女性」の名のもとに発言することを可能にした。そうした女性たちの運動は、もっぱら政治的なものだった。ロラン夫人〔一七五四～一七九三：「ジロンド派のミューズ」の異名を持ち、自宅に開いたサロンには多くのジロンド派を集めた〕やルイーズ・ド・ケラリオ〔一七五八～一八二二：革命期に初の女性編集長として『国家市民新聞』を創刊した〕のように、革命家として目覚ましい活躍をした人物もいれば、男女平等の大義に断固として反対したり、無関心であったりした女性クラブの者たちもいた。他方、稀ではあるが、より明確に女性の権利のために尽力する女性の社会運動もあった。民衆階級の女性たちも、革命の担い手であると認められることを望んでいた。

女性の利益に関する権利要求は、職業の組織化に関する陳情書にすでに窺うことができる。その後、とりわけ男女混合クラブや女性クラブ、女性サン・キュロットの行動において具体化した。議論されたのは、職業に就く権利、離婚の権利、市民権と相続の平等、女子のための教育計画で、売春についても取りあげられた。一部のクラブは、選挙権を要求し、さらには離婚の権利や既婚女性のための市民的権利を要求した。選挙権は与えられなかったが、離婚は一七九二年に制度化された。女性サン・キュロットのなかで最も急進的な行動を率いたのは、「革命的共和主義者女性市民クラブ」であった。初代会長がクレール・ラコンブ〔一七六五～?：革命期の女優、政治活動家〕、二代目がポーリーヌ・レオン〔一七六七?～一八三二〕である。彼女たちは、反革命派であると疑われる者たちに対する闘争に参加し、女性市民権の象徴として三色帽章《コカルド》の着用と武器の携帯を要求した。三色帽章は認められたが、武器の携帯は拒否された[3]。

しかし、このような民衆の社会運動に直面して国民公会の議員たちは、一七九三年十月三十日についにすべての女性クラブと女性団体の禁止を決定した。ジャン＝ピエール＝アンドレ・アマール議員〔一七五五～一八一六〕の報告書は、男女の政治的平等を謳う思想に断固として反対するもので、その

(3) Godineau, 2004.

理由は、女性は道徳的にも身体的にも弱く、家庭と家事に従事させる必要があるというものだった。革命コミューンの検事は、国民公会でこの立場を擁護した。その際、ジロンド派を支持したために十一月にギロチンにかけられたオランプ・ド・グージュを、「男のような女」といって槍玉にあげた。

民衆の女性運動は、女性の権利に好意的だった少数の人文主義的知識人サークルと同じように戯画化され、革命プロセスの限界を押し返して進むことはできなかった。教育計画事業は控え目で精彩を欠き、政治的権利も否定された。革命が男女平等や女性による公的な場での表現に対して敵意を示したことは、以後長いあいだ共和主義的思考にその痕跡を残し、国際的にも影響を及ぼした[4]。

3 教育の不平等と市民的・政治的な不平等——十九世紀の課題

女子教育は何世紀も前から盛んに論じられてきたが、十九世紀のフェミニストたちにとっての優先的課題となった。彼女たちは私立および公立の初等教育や中等教育の推進に取り組んだ。実際、女子学校の設立には多くの事例がある。

結婚の条件も、頻繁に論じられた主題である。女性が配偶者を選ぶ権利、同意年齢、経済的取り決め、とりわけ持参金について活発に議論された。また、結婚後の女性の財産管理、一夫多妻制、子どもに対する権限の分割や親権なども論じられた。これらの主題を一般の人びとが意識するようになった背景には、ジョルジュ・サンドの小説のような文学の役割がある。彼女は、一八〇四年の民法典における男女の不平等とそれが女性の内面的意識に及ぼす影響を鋭く批判した。同様の批判を展開したのが、フランスのサン＝シモン主義者ルイーズ・ドリア〔一七八一〜一八五五〕で、彼女は一八三七年にウルストンクラフトを引き合いに出して〔民法典改正を呼びかけて〕いる。これらの女性作家たちは、女性の境遇が不公正であることに対する人びとの認識を高めるうえで決定的な役割を果たした。

しかしながら、ナポレオン法典は軍事征服を通じてヨーロッパの大部分に定着し、さらには植民地にも広まった。それは、一七九二年の成果〔本書二九頁参照〕を覆し、あらゆる解放の可能性を閉ざすものであった。既婚女性は夫に完全に服従して忠誠と服従の義務を負い、未成年者や狂人や軽犯罪者と同様の扱いを受けた。イギリスやアメリカの一般的慣習法《コモン・ロー》が、フランスよりも平等主義的というわけではなかった。アメリカの革命が祖国の礎を築いた女性たちに寛大ではなかったことは、フランス革命と同様である。ブルジョワジーが勝利を収めた社会においても存続したこの根本的不平等は、多くの女性たちの反乱を引き起こした。

このような法律に対する批判は、西洋に限られたものではなかった。ラテンアメリカにおけるフェミニズムの先駆者として知られるブラジルの女性作家ニシア・フロレスタ・ブラジレイラ・アウグス

(4) Fraisse, 1995.

タ（一八一〇〜一八八五）は、女子教育を支持する文章をいくつか発表し、一八三二年には『女性の権利と男性の不正義』という著作を翻訳した〔ウルストンクラフト『女性の権利の擁護』の自由訳ないし翻案に相当する〕。インドでは、ヒンドゥー教の改革者ラーム・モーハン・ローイ（一七七二〜一八三三）が、サティの風習（未亡人が亡くなった夫と一緒に焼身自殺することを義務づけるもの）と一夫多妻制（少数の例外を除く）の廃止を提唱し、社会と宗教の改造を目指した。ペルシアでは、女性詩人で神学者でもあったクエラット・アル＝アイン（一八一五〜一八五二）がバビズム（イスラームから分離した宗教で一八四四年に創始された）に改宗し、新しい信仰に依拠してヴェールと一夫多妻制を糾弾したが、追放され、暗殺された(5)。

アジアやアラブ諸国からの旅行者のなかには、ヨーロッパで発見した男女平等の理想を肯定的に評価する者も少なくなかった。

産業化と都市化にともなって拡大した社会的不平等は、労働者階級の女性のみならず、家庭の天使、理想的な良妻賢母、男女の領域の分離といったブルジョワ的概念、さらには「土着の女性」の状況にも影響を及ぼし、新たな課題を提示した。フェミニズムの思想は、奴隷制に対する批判によって育まれたが、階級や人種の不平等に対する批判や、プロレタリアートの解放を求める闘いからも触発を受けている。こうして、一方ではユートピア社会主義に連なる潮流が既成の秩序との決別を提唱し、他方では道徳改革を求める宗教運動や自由主義思想のなかからより改革主義的な潮流が生まれた。

II　フェミニズムと初期社会主義

1　ユートピア社会主義の推進力

一八二〇年以降、フランスではサン＝シモン主義者、次いでフーリエ主義者、そしてイギリスではウィリアム・トンプソン〔一七七五〜一八三三〕やロバート・オウエン〔一七七一〜一八五八〕によるユートピア社会主義の教義が、プロレタリアートの平等の問題と関連する形で、男女平等の問題を再構成する流れに影響を与えた。第一次産業革命と農村からの人口流出という誰の目にも明らかな社会的不平等に直面したユートピア社会主義のフェミニストたちが提案したラディカルな変革は、男女の新しい関係に基づくものだった。

アイルランド人ウィリアム・トンプソンが協同組合の理想に関する彼の思想に男女平等の思想を取り入れたのは、アンナ・ホイーラー〔一七八五?〜一八四八〕との出会いがきっかけだった。ホイー

(5) Sedghi, 2007.

ラーはウルストンクラフトの崇拝者で、資本主義と自由競争に反対する改革運動に参加し、労働者は自分の労働に対して権利を持つと主張した。[6] トンプソンは一八二五年、ジェームズ・ミル〔一七七三〜一八三六〕が女性の参政権についての検討を拒否したことに反応して、『人類の半数を占める女性たちの訴え――もう半数を占める男性たちの先入観に抗して』を発表した。その序文はアンナ・ホイーラーへの手紙である。トンプソンは、女性の劣等性に関するあらゆる議論に反駁して、その原因を教育の欠如、道徳の偽善、結婚生活における女性の搾取に求め、ブルジョワジーにおいては女性が商品のように売買されていると述べた。彼は「新しい社会の幸福システム」を提唱して、女性の解放は家事や子どもの責任を集団で引き受けることによって可能になると主張した。この協同組合組織はオウエン主義の共同体を手本としていた。このテクストは、一九二〇年代のフェミニスト、そして一九七〇年代のフェミニストによって掘り起こされたもので、当時は特定の集団を生み出したわけではないが、現代では社会主義的フェミニズムの嚆矢となるテクストとして位置づけられている。

一方、サン＝シモン主義からは特徴あるフェミニズム運動が生まれ、独自の新聞を通してその見解を表現した。サン＝シモン伯爵〔一七六〇〜一八二五〕の著書『新キリスト教』に触発されたサン＝シモン主義者たちは、進歩と調和の社会を築くための新しい教義と宗教を創設した。彼らが目指した産業の発展と新しい友愛と宗教の社会的絆は、人間の人間による搾取に基づくものではなく、最も貧しい人びとと女性たち――特に結婚生活における女性の状況は売春と比較されていた――の解放を可能にするものであるとされた。一八三〇年代にサン＝シモン主義者たちは女性の権利の問題に関する世論の意識を高めることに貢献し、七月王政の議会でもこの問題を訴えた。彼らは女性が持つ特徴とその再生力を、ロマン主義的かつ預言的な方法で称揚した。プロスペル・アンファンタン（一七九六〜一八六四）とサン＝タマン・バザール（一七九一〜一八三二）――二人揃って「至高の父」と呼ばれた――によって創始されたサン＝シモン教では、「父」の隣に「母」が並んで座るべきであるとされた。当初は、何人かの女性の弟子たちが労働者に向けてよい教えを垂れることが強く推奨されたが、「母」として崇められる者は出てこなかった。そこでサン＝シモン主義者たちは東洋に「母」を見つけに出かけたが、その結果はエジプトにわずかなフェミニズムの痕跡を残しただけだった。サン＝シモン主義を奉じる女性たちは、最終的には組織内部で発言権を奪われてしまった。そこで彼女たちは自分たちの新聞を創刊した。[7]

こうして一八三二年、仕立屋で働いていた若い二人の労働者マリー＝レーヌ・ギンドルフ（一八一二〜一八三七）とデジレ・ヴェエレ（一八一〇〜一八九一）が、女性が執筆し発行する『自由な女性』を創刊した。この機関誌は、シュザンヌ・ヴォワルカン（一八〇一〜一八七七）編集長のもとで

（6）Prun, in Monacelli et Prun, 2010.
（7）Moses, 1984 ; Riot-Sarcey, 1994.

『新しい女性』、さらに『女性論壇』と改名された。ヴォルワカンは、社会の再生、プロレタリアートの解放、女性が受ける専制と搾取——とりわけ結婚生活において——に対する闘いに参加する女性たちを結集しようとした。多くの女性が苗字を付さずに下の名前だけで署名した。一八三一年、アンファンタンが肉体の快楽と複数の恋愛を擁護してスキャンダルを引き起こし、サン＝シモン主義が深刻な内部分裂に陥った際、女性編集者たちは不道徳から自分の身を守った。彼女たちは、女性たちを集めた共同体を拒否すると宣言したが、国家によって起こされた裁判ではアンファンタンを支持した。彼女たちは、プロレタリアートと特権階級の結合を提唱し、とりわけ教育による女性の地位向上と不平等な結婚の否定を訴えた。アンファンタンの教義に従うことを拒否し、フーリエ主義者に近づいた者たちもいる。たとえば、プロテスタントのウジェニー・ニボワイエ（一七九六〜一八八三）は、リヨンで『女たちの助言者』誌（一八三三〜一八三四）を創刊した。これは非常に穏健な女性教育の場であったが、「カヌート」と呼ばれた絹織物労働者の反乱にも関心を寄せた。

　このようなフェミニストの最初の経験は、ジャーナリズムの側面だけにとどまらなかった。ジャン＝バティスト・ゴダン（一八一七〜一八八八）が創設したフーリエ派の生活共同施設《ファランステール》であるギーズの共住労働共同体《ファミリステール》や、ロバート・オウエンの共同体、フランシス・ライト（一七九五〜一八五二）が開設したアメリカのナショバ共同体——奴隷自身の労働による奴隷の解放を目指した——など、複数のユートピア的な共同体が新しいジェンダー関係の実験を行なっていた。自由に関するユートピア的な思考は、社会的なもの、政治的なもの、親密なものを結びつけていた。フランシス・ライトのように、十九世紀前半の偉大なフェミニストのなかには、結婚制度の外部で恋愛生活を送った者もいた。また、家事労働や子どものケアについての考察もなされ、それらは理想的には共同でなされるべきものとされた(8)。

自由恋愛の冒険の道に足を踏み入れたサン＝シモン主義者の女性にとって、その経験は興奮に満ちたものであると同時に、そうした侵犯行為を容認できない時代にあって、ときには悲惨な結果をもたらすものだった。クレール・デマール〔一七九九～一八三三〕は『女性たちの解放を求める一民衆女性の呼びかけ』（一八三三年）において、神は気まぐれな欲望を起こして人間を創造したのだからと自由恋愛を提唱し、子どもたちを社会的な母親〔生物学的ではなく母親の役割を果たす者〕によって教育することを検討したが、最終的にはパートナーと一緒に自殺してしまった。ポーリーヌ・ロラン〔一八〇五～一八五二〕は、三人の異なる父親とのあいだに生まれた子どもたちを一人で育てなければならなかった。

一八三〇年のフランスのフェミニストたちは、次第に勢いを失っていった。社会変革を目指したフ

(8) Rossi, 1988.

ローラ・トリスタン（一八〇三～一八四四）は、女性が受けている抑圧とプロレタリアートが受けている抑圧は不可分であると確信し、女性の権利のための社会運動よりも、彼女が設立したばかりの労働者組合に期待をかけた。〔女性解放の〕希望は、ヨーロッパで「諸国民の春」が訪れたときに、再び生まれた。

2　女性の権利と政治的異議申し立て

一八四八年の革命では、女性たちが積極的に参加し、労働と選挙権という二つの大きな課題をめぐってフェミニストの社会運動が再び活発化した。男女平等を支持する人びとは、独自の新聞やクラブを設立した。フランスでは、女性解放クラブ、新聞『女性たちの声』、女性たちの工房が、女性の労働の権利を擁護した。洗濯女、お針子、助産婦たちは、雇用と賃金の改善要求を、第二共和政で選出された代議士たちに伝えた。普通選挙は制定されたが、男性に限定されたため、フェミニストたちの抗議は選挙権に集中した。ジャンヌ・ドロワン〔一八〇五～一八九四〕は、政治的平等を求める闘いを推進するために、候補者として立候補しようとした。だが、この行為はドーミエの有名な風刺画によって、長いあいだ嘲笑の的になった。彼女は一八五一年にポーリーヌ・ロランとともに投獄され、第二回全米女性大会に集まったアメリカのフェミニストたちに宛てて二人で公開書簡を書いた(9)。同様の運動はドイツのいくつかの州でも起こったが、女性たちはもはや十九世紀初頭にラーエル・ファルンハーゲン〔一七七一～一八三三：一八二〇年代にサロンを開き、ユダヤ教徒の解放と女性解放について発言した〕が運営していたような華麗なサロンを利用することはできず、家庭の領域にしっかりと追いやられてしまった。これは、フランスに対抗するナショナリズムの台頭と不可分なプロセスであった。小説家でジャーナリストのルイーズ・オットー（一八一九～一八九五）は、『女性の日記』において、女性も男女平等も排除しない民主主義を唱えた。しかし、未熟な議会は平等の要求に耳を貸そうとはしなかった。フランスでは、女性がクラブに出入りすることが禁じられ、普通選挙権は男性に限定された状態が続いた。ヨーロッパ全土は「諸国民の春」に湧いたが、反民主主義的な弾圧は革命的フェミニストたちの希望を一時的に打ち砕いた。[10]

激しく抑圧された労働者運動は、女性問題についてほとんど検討しようとしなかった。フランス人ピエール＝ジョゼフ・プルードン〔一八〇九～一八六五〕は、特に激しい反フェミニズムを展開し、一八四九年にはジャンヌ・ドロワンを攻撃して女性の労働に反対した。このようなプルードンに対し、ジュリエット・ランベール（一八三六～一九三六）やジェニー・デリクール（一八〇九～一八七五）は評論を書いて力強く反論した。民衆の集会では、ポール・マンク（一八三九～一九〇一）やアンド

（9）Anderson, 2000.
（10）Primi, 2010 ; Offen, 2012.

レ・レオ（一八二四〜一九〇〇）――女性小説家レオディル・ベラが用いた男性のペンネーム――が講演し、敵対的な雰囲気のなかで男女平等と働く権利の要求を訴えた。しかしながら、プルードンの保守的な姿勢はフランスの労働者運動に大きな影響を与えており、イギリスやドイツの労働者運動と比べて、マルクス主義の影響が及びにくかった。初期マルクス主義はプロレタリアートに対する抑圧の分析を通じて、ある程度は女性の状況も考慮していたが、それでもユートピア的な社会主義者とは異なり、男女平等は革命過程の重要な要素とは位置づけられていなかった。経済構造に重点が置かれたため、工場における女性の労働の価値は認められたが、女性に対する抑圧との闘いは二の次とされ、それが解決されるには共産主義の到来を待たなければならないとされた。こうした流れのなかで、少数派のアナキズムは絶対自由主義とプルードン主義の二重の遺産を背負うことになった。社会主義は独自のフェミニズムのアプローチを発展させたが、それはリベラル・フェミニズムに敵対的であった。女性解放の計画に関しては、リベラル・フェミニズムのほうが、社会的不平等への関心は相対的に低かったとはいえ、ラディカルであることが多かった。

こうした動きと並行して、十九世紀前半のアメリカやヨーロッパでは、さまざまな改革派の潮流が発展した。それらは、分離傾向を持つ宗教の領域において起こり、自由思想の流れを汲んでいた。

III　改革派フェミニズム

1　宗教的熱狂と奴隷制廃止および道徳的改革運動

女性たちがフェミニストとしての使命を自覚し、活動家としての確固たる能力や手法を身につけたのは、アメリカやイギリスでは分派や非国教徒プロテスタントグループの宗教的熱狂の高まりのなかでのことだった。ドイツでも、宗教改革に熱心なプロテスタント信徒やカトリックの修道会の宗教的熱狂が、彼女たちの行動を支えた。とりわけ奴隷制廃止運動のなかから、何人かの傑出した人物が登場した。聖書の平等の原則は、黒人の擁護には積極的なのに、なぜ女性には適用されないのだろうか。女性は奴隷制廃止運動団体――そうした団体は女性に投票権を与えず、女性の言葉は大義を辱めることになると恐れていた――のなかにおいてさえ排斥の犠牲になっていることに、なぜ我慢しなければならないのだろうか。宗教的潮流の多数派が、女性は集会で発言してはならないと言った聖パウロ〔コリントの信徒への手紙一：一四―三四～三五〕を引き合いに出して、女性が公の場で発言することを封じ込めようとしてくるとき、いかなる抵抗が可能だろうか。このような格下げや批判に――分派の教会においてさえも――直面したことが、女性の権利のために闘う動機となった。たとえばクエーカーのなかでは、イギリス人アン・ナイト（一七八六～一八六二）が、一八五一年に女性参政権を支持する最初のパンフレットのひとつを執筆した。あるいは、女性参政権運動の先駆者であるアメリカ人ルクレシア・モット（一七九三〜一八八〇）やルーシー・ストーン（一八一八〜一八九三）がいた。サラ・グリムケ（一七九二〜一八七三）とアンジェリーナ・グリムケ（一八〇五〜一八七九）の姉妹は、多くの奴隷を所有する農園主の家に生まれ育ったが、家庭環境であった長老派と決別し、奴隷制廃止と女性の権利のための闘いに説教の全精力を傾けた。彼女たちは、奴隷制廃止と女性の権利という二つの大義を、キリスト友会（クエーカー）の平等主義的な宗教観と結びつけた。サラは一八三七年に『男女平等に関する手紙』において、平等主義的な堅固な神学論を展開し、宗教的フェミニズムの嚆矢となった。マリア・スチュワート（一八〇三〜一八七九）——旧姓ミラー——は、アフリカ系アメリカ人女性として初めて黒人と非黒人がともにいる聴衆の前で演説した人物だが、彼女もまた奴隷の権利と女性の権利を、福音主義的な宗教と道徳の観点から関係づけた。(11) 性差別《セクシズム》と人種主義《レイシズム》の偏見が強かった時代にもかかわらず、元奴隷女性のソジャーナ・トゥルース（一七九七頃〜一八八三）やハリエット・タブマン（一八二〇頃〜一九一三）は有名な巡回伝道師となって、フェミニズムと奴隷制廃止を説いた。歴史学では長いあいだ忘れ去られていたこれらの人物は、アフリカ系アメリカ人女性によるブラック・フェミニズムによって一九七〇年代に再発見された。彼女たちは現在では高く評価されている。ソジャーナ・トゥルースが一八五一年に女性の権利を主張する会議で行なったスピーチは有名である。ソジャーナ・トゥルースは文盲だったため、自身が書いたものは残されていない。彼女の演説は、当時の報道における論評や、事後的に作成された矛盾を含む書き起こしから再構成されている。だが、その要点を言えば、この元奴隷の女性が男女平等を支持する公的な発言をしたことは、女性をあまりにか弱い存在であると考える反フェミニストに対する反論だったということである。彼女は奴隷の女性としての経験を前面に出し、女性として、黒人として、元奴隷として、フェミニズムの視点を提示した。

知識人でジャーナリストのマーガレット・フラー（一八一〇〜一八五〇）は、彼女の超絶主義的な信念〔超絶主義はラルフ・ウォルドー・エマーソンが提唱した思想で、人間に内在する善と自然を信頼し主観的な直観を強調した〕を通して、フェミニズムと奴隷廃止論と宗教を結びつけた。彼女はエマーソンの周囲に集まったサークルのメンバーとして、また彼らの機関誌〔『ザ・ダイアル』〕の二年半にわたる編集者として、平等な権利を唱えるだけでなく、何よりも女性の内的自由と精神的・個人的自立を主張した。

奴隷廃止運動を男女平等のための闘争へと拡大することは、満場一致で賛同を得ることはなかった。特にイギリスではその傾向が強かった。一八四〇年にはロンドンで奴隷制に反対する世界大会が開催されたが、ウィリアム・ロイド・ガリソン〔一八〇五〜一八七九〕と並ぶ奴隷廃止運動の先駆者で

(11) Kish Sklar, 2007.

ヒックス派クエーカー教徒の有名な伝道師ルクレシア・モットを擁したアメリカの女性代表団は、発言を禁じられたのである。若きエリザベス・キャディ・スタントン（一八一五～一九〇二）は、奴隷廃止論者である夫とともに新婚旅行の途中でこの大会に出席していたが、この措置に憤慨した。スタントンはこの大会で、ルクレシア・モットに出会っている。[12] 八年後、二人はニューヨーク州の小さな町セネカ・フォールズで女性の権利のための大会を組織した。この出来事が実際に北米のフェミニズムの起源となったわけではないが——アメリカの女性参政権運動の先駆者たちが作り上げたフェミニズム伝説はそのように信じさせようとしている——それでもこの大会で決議された「感情宣言」（一八四八年）は画期的であった。この宣言は、当時の著作の氾濫や平等主義的な要求の高まりという文脈において理解すべきものである。平等を求める声を上げたのは、とりわけ奴隷制廃止を唱えていたクエーカー教徒たちで、ルクレシア・モットもその一人だった。モットはフィラデルフィアに反奴隷制女性協会を設立し、インディアンのためにも闘った。[13] 同様に、エリザベス・キャディ・スタントンが果たした役割も、現在では相対化されている。それでも「感情宣言」は、いわば正典となったテクストであり、持続的な集団組織の最初の礎を築いた。アメリカ独立宣言をモデルにしたこの決議文書は、女性があらゆるテーマについて公の場で自分の考えを表明する権利や、結婚、離婚、財産、育児に関する法律を改正する必要性を訴えている。参政権に関する決議が最も大きな抵抗を引き起こしたが、とりわけアフリカ系アメリカ人の奴隷制廃止論者であるフレデリック・ダグラス（一八一七頃～一八九五）の支援のおかげで可決された。こうした女性の権利のための闘いは、絶対自由主義的な社会主義のユートピアとはかけ離れており、道徳改革運動や奴隷廃止運動、反アルコール運動などを支えた宗教的・博愛主義的精神に触発されたものだった。それでも女性活動家たちは、敬虔で夫に従順である「真の女性」の理想像に決定的な別れを告げた。彼女たちは、たとえ家事を切り盛りする能力は維持しなければならないと考えていたとしても、家庭内および公的領域や政治的領域での平等を達成しようとする野心を抱いていた。

2　リベラル・フェミニズムの誕生

ヨーロッパでは、一八五〇年代から六〇年代にかけての自由主義に触発されて、男女の不平等や女性に対する偏見を糾弾する動きが新しい展開を見せ始めた。この時期の多くの論考や会議、新聞、請願が女性の権利を焦点にしていることが、それを物語っている。

イタリアでは、自由思想家のアンナ・マリア・モッツォーニ（一八三七～一九二〇）が、民法典の改

（12）DuBois, 1999 ; Fillard, 2009.
（13）Tetrault, 2014.

正に合わせて、一八六四年に『女性とその社会的関係』を出版した[14]。

フランスでは、独学の哲学者マリア・ドレーム（一八二八〜一八九四）が、第二帝政に反対したフリーメーソンのレオン・リシェ（一八二四〜一九一一）からの招きで、一八六八年から一八七〇年にかけて、多くの講演を行なった。リシェの政治的情熱を共有したドレームは、権利と平等の概念に関して、第三共和政における共和国のフェミニズム問題を見事に提起した。彼女の提言は、女性は劣っているという偏見に立ち向かうもので、自律的で自由な個人というカントの思想を発展させて女性に適用した。女性は質の高い教育を受け、世界を男性的な公的領域と女性的な私的領域とに分ける通念に縛られることなく、自分の運命を選択できなければならないとドレームは主張した。このアプローチは、一八七一年のパリ・コミューンに参加したアンドレ・レオが擁護した社会主義的フェミニズムとは異なるものである。コミューンに加えられた残忍な弾圧は、社会主義に参加したフランスのフェミニストたちを巻き込み、一八八〇年に恩赦が出るまで続いた。一八九一年にようやく最初の著作を発表したマリア・ドレームの成功は、フランス国内にとどまるものだったが、それでも彼女はのちに、初の男女混合のフリーメーソン組織「人間の権利」（一八九三年）の共同創設者として、一定の国際的名声を得ることになる[15]。これに対し、イギリスのリベラル・フェミニズムは、ジョン・スチュアート・ミル（一八〇六〜一八七三）とハリエット・テイラー（一八〇七〜一八五八）の活動によって、決定的に国際的な広がりを見せた。

自由と平等の思想は、メアリー・ウルストンクラフトの流れを汲んで、功利主義哲学の影響を受けたユニテリアンのサークルにおいて発展を遂げた。『自由論』の著者として名高いミルは、自伝や論文のなかで、自分が心から愛していた女性であるハリエットが一八四九年に未亡人となったあとで結婚し、彼女との知的協力関係を明言しているが、ミルの伝記作家たちはこの影響をあまり真剣に受け止めてこなかった。一方、フェミニスト史学においては、ミルはすでに一八三〇年の時点で牧師ウィリアム・フォックスのユニテリアン・サークルでハリエットに出会っており、ミルの女性に関する研究にはハリエットが貢献していたこと、さらにはハリエットの娘であるヘレン・テイラー〔一八三一～一九〇七〕も貢献していたことが強調されている[16]。ハリエット・テイラーとジョン・スチュアート・ミルは、一八三二年にミルの単独署名で、結婚と離婚に関する三本の論文を発表した。一八五一年にはハリエットの論文「女性の解放」が出版され、ハリエットは同論文でセネカ・フォールズ大会の宣言についてもコメントを寄せている。ハリエットの死後の一八六九年には、二人の議論が結実した有名な『女性の隷従』が出版された。ミルは、幸福と近代性に向かう人類の進歩の名のもとに、個人が

（14）Murari, 2008 ; Gazzetta, 2008.
（15）Klejman et Rochefort, 1989.
（16）Robson et Robson, 1994.

もはや生まれによって決定されない社会では、女に生まれるか男に生まれるかによって完全な平等が妨げられてはならないという考えを擁護した。そして男性支配を本能的に正当化しつつ女性には服従と献身を求める意見と闘う姿勢を示した。女性の本性とされるものに反対し、女性が発言できるようにし、教育を受けられるようにすることを求めたこの著作は画期的なもので、全ヨーロッパのリベラル・フェミニズムの主要な参考文献となった。

フェミニスト小説家たちも、このテーマを取りあげた。ミルの友人だったスウェーデンのフレデリカ・ブレーメル〔一八〇一〜一八六五〕は、一八五六年に『ハルタ』を発表した。ノルウェーには、カミラ・コレット〔一八一三〜一八九五〕がいた。彼女たちの小説の影響を受けたのちの世代は、自立しより自由な恋愛を熱望する女性という主体の出現に期待をかけた。このような自由への欲求は、やがて平等と女性の権利を求める最初の運動にも影響を与えた。というのも、民間主導の私立の女子教育が活発化したことを除けば、女性の市民的状況や政治的状況は依然として行き詰まっていたからである。

第二章　国際化の時代（一八六〇年〜一九四五年）

I　ナショナルおよび国境横断的《トランスナショナル》な集合的ダイナミズム

1　自立を求めて

一八六〇年から一九四〇年までのフェミニズムの特徴は、女性の権利を促進するための組織や団体が各国で、また国際的に発展を遂げ、「女性問題」が社会的議論の対象となったことである。フェミニズムは、地理的には、南北戦争後のアメリカ各州から、一八六〇年以降はヨーロッパ全域へ、そして植民地帝国へと広がっていった。これと同時に「フェミニズム」という言葉も、まずフランスやヨーロッパ、アメリカで広まり、その後ラテンアメリカ、中東、アジアへと波及した。その起源がどこであれ、フェミニズムは多くの批判者から、外国からの輸入品と言われて非難された。実を言えばフェミニズムは、国内外の社会的、経済的、政治的変容や個人主義的な傾向を持つ新しい都市中間層の出現と密接に結びついている。この階級では、ますます多くの女性たちが、男女平等を望んでいると声を上げた。彼女たちは、自分で生計を立てる必要性や願望を強く感じていただけでなく、自分の可能性や夢が制限されている現実に気づいて大きな衝撃を受けた。フェミニズムの影響もあって、女子初等・中等教育が進展し、女性の大学進学や、自由業やサーヴィス産業などでのキャリア形成も見られるようになった。これは一部のエリートだけのものではあったが、それでも政治的な問題意識を持つ女性の数は増えた。一方、民衆の女性たちのなかには、労働者であり女性でもあることによる二重の搾取を拒絶する者もいた。教育を受けられず、専門的な仕事の機会がなく、低賃金で働かされ、市民権も与えられず、結婚すれば夫に全権力を委ねることになり、法律上は未成年と同様の地位に留め置かれ、離婚も禁じられ、産児制限すら認められない状況に、どうして耐えることができようか。一夫多妻制や内縁関係が認められている社会では、なぜこれらが男性にだけ許されているのだろうか。慎み深さや宗教や道徳の名において、公の場でのささいな振る舞いさえも厳しく規制し、女性に対する評価が低く、観念で凝り固まった男性目線の女性像など、どうして受け入れることができようか。女性の言葉が決して聞き届けられない現実を、どうして容認することができようか。文脈によって多少の程度の差はあるにせよ、男女の不平等はあらゆる領域に蔓延していた。女性の権利を求める集合的行動が出現したことは画期的な出来事である。いまや課題は、社会的・政治的運動としての行動を、より大きな規模で起こすことである(1)。

自由主義と民主化の進展がそれを可能にした地域では、持続的な運動が国内外で展開され、男女平等を法に明記すること、そして強い拘束力を持つ厳格なジェンダー規範から女性を集合的および個人的に解放することが目指された。植民地主義や独裁政権に抵抗する社会主義者や革命家やナショナリストの運動も、フェミニズムの権利要求を育む土壌となった。女性の権利を支持するこれらの運動は、ヨーロッパでは国民国家の肯定、社会的不平等に対する批判と結びつき、被支配国においては帝国主義に対する闘い、さらには民主主義を求める闘いと結びつき、男女平等に否定的な政治的・宗教的文化や慣習との折り合いをつけようとした。このような運動は女性蔑視《ミソジニー》と衝突し、祖国や神に対する犠牲的で献身的な母性像を価値化する態度とも対立したが、それでも多くのフェミニストは、そのような規範を解放的な方向でとらえて利用しようとしてきた。これらの運動は、近代性や進歩の理念と結びつき、多くの女性を魅了するとともに、少数ではあるが一部の男性たちをも説得してきた。そこでは、(個人という立場からの)普遍主義的な理想と、(女性という特性に基づく)差異主義的な理想とが交錯していた。その発展は、必ずしも連続的なものではなく、歴史的断絶、ネイションの解放、さまざまな革命、経済危機などに大きく左右されてきた。イタリア、ドイツ、ポルトガル、スペインなどで見られた全体主義体制や独裁政権、また政治的抑圧や軍事的衝突の時代には、社会運動はしばし

(1) Pietrow-Ennker et Paletschek, 2004 ; Gubin *et alii*, 2004 ; Lavrin, 1995 ; Rochefort, in Fauré, 2010*a* ; Bard, 1995, 2015 ; Chaperon, 2000.

ば中断を余儀なくされた。それでも、運動に終止符が打たれることはなかった。

フェミニズム運動は、表現の自由や結社の自由が保障され、新聞の創刊や団体の結成が許可される環境であれば、女性たちの自立を求めて（再び）生まれた。この運動は政党ではなく、複数のイニシアティヴ――それらは分散しており、ときには競合関係にあった――を結集する大きな集合的ダイナミズムとして展開された。カリスマ的な人物や具体的な権利要求を中心に団結する場合が多かった。報道機関は、共通の理念を広め、政治的なつながりを形成するうえで重要な役割を果たした。運動の形態は共通点が多く、新聞報道、請願書、小説、ポスター、ビラ、歌や詩、集会、講演会、街頭デモ（二十世紀）、大会などの手法が活用された。アメリカでは、一八四八年のセネカ・フォールズ大会以来、アメリカ南北戦争（一八六一～一八六五年）による中断を挟みつつ、定期的に大会が開催されてきた。ヨーロッパでは一八六〇年代以降、ラテンアメリカとアジアでは十九世紀と二十世紀の変わり目に、数多くの団体や新聞雑誌が登場した。団体名や機関誌名を見ると、多くの場合は国民性が強調されている。もっとも、集合的な推進力は、国際的なフェミニズムの動向からも刺激を受けていた。たとえば、最初のネットワークはジョン・スチュアート・ミルの『女性の隷従』（一八六九年）とその翻訳を中心に形成された。この本は、ヨーロッパのすべての言語に訳されたもので、スペイン語に訳したのはチリの女性知識人マルティナ・バロス・ボルゴーニョ（一八五〇～一九四四）であったし（一八七三年）、明治時代の日本でも翻訳された（一八七九年）〔深間内基訳『男女同権論』を指す〕。

多くの女性活動家は、すでにさまざまな形で集合的な行動に取り組んできた経歴を持っていた。たとえば、女子教育の推進（キリスト教宣教師たちも関与した）、文学サークルでの活動、慈善活動や慈善事業、反アルコール運動、道徳改革や監獄改革、平和運動、奴隷制反対運動などである。一八七五年以降は、イギリス人のジョセフィン・バトラー〔一八二八～一九〇六〕が設立した国際奴隷廃止連盟において、売春規制をめぐる闘いが行なわれた。労働組合活動は、民主主義、民族解放、革命、社会主義や共産主義のための政治活動と結びついており、平等主義志向の宗教的信念も重要な要素だった。このような多様な背景に、社会的、人種的、宗教的、文化的な断絶が加わり、運動は異質で相反する要素を孕んでいた。そのため、女性であることを共通点とする連帯を確認することが、特に重要であった。リベラルな理念を持つ運動は、女性の権利という法的カテゴリー、想像の共同体としての「女性」という政治的カテゴリーを構築し、普遍的な姉妹愛《ソロリテ》の理想に訴えようとした。そして、女性同士の連帯は不可能であるという常識に反対し、女性たちが不平等に喘いでいる事実を否定する見解に反論した。これらの運動は、女性という集合的アイデンティティの構築を促進するとともに、社交、連帯、そして国境横断的《トランスナショナル》なフェミニズムの文化の場を作り出した。その目的は、権力を握ることではなく、女性が差別されているあらゆる領域における権力関係を中立化することであった。こうした運動には女性しかいなかったと思われがちだが、実際には男性も参加していた。男性が指導者になるケースは少なかったが、女性活動家の夫やパートナーが指導者になる場合もあった。彼らは活動熱心で、男女平等のための闘いの人道的、道徳的、政治的側面を確信していた。彼らのような男性の仲介者としての役割は、それまで男性に独占されてきた知的領域や政治的領域、メディアの世界にアクセスするには不可欠であった。

こうした自律的な運動が台頭するのを見て、同時期に組織化された社会的、政治的、宗教的勢力は、女性たちを巻き込む必要性を認識した。だが、それは必ずしも彼女たちが市民として活動することを望むものではなかった。こうして、カトリックの女性たちには一斉動員がかけられ、教会の慣習や道徳的権威に挑戦するライシテに基づくフェミニズムに対抗するよう促された。

社会主義も女性たちの動員を企てた。アウグスト・ベーベル〔一八四〇〜一九一三：ドイツの社会主義者〕による女性の過去と現在についての著作〔『女性と社会主義』〕（一八七九年）や、フリードリッヒ・エンゲルス〔一八二〇〜一八九五〕の家族についての著作〔『家族・私有財産・国家の起源』〕（一八八四年）は、社会主義フェミニストたちが取り組んできた結婚と家族に関する批判の仕事を発展させた。各種の会議では男女平等の原則が繰り返し唱えられたが、階級闘争と資本主義打倒の目標がつねに優先され、女性解放は二の次とされた。ブルジョワ階級の女性と労働者階級の女性の階級分裂は、乗り越え不可能と考えられていた。リベラル・フェミニズムは「ブルジョワ的」とされ、これに反対した社会主義は、広く国境を越えた範囲で深い分裂を作り出した。この傾向は、第二インターナショナルそしてとりわけドイツの社会主義者によって助長された。一八九二年に機関誌『平等』を創刊したクララ・ツェトキン〔一八五七〜一九三三〕は、一九〇七年にシュトゥットガルトで開催された国際社会主義女性会議において、社会主義者たちに参政権の擁護を強く求めた一方で、フェミニズムの行動は拒否した。女性労働者の組織化も課題であった。これについては、ドイツの社会主義者たちがヨーロッパでは他に類を見ないほどの成功を収めた。フェミニズムと社会主義的信念を調和させようとする女性活動家もいたが、政治や労働組合の組織は女性による自律的な行動に敵対的であった。また、あまりに周縁的ないし自由主義的と見なされたフェミニストたちの指導力や、彼女たちが投げかけてくる質問に対しても否定的で、とりわけ男性の行動に疑問をぶつけてくる態度に敵対的であった。ロシア革命と共産党の設立は、さらに深い分裂を生み出した。共産主義者の優先順位に従えば、教育、職業上の平等、市民的・政治的権利、家族構成、家事労働、自由な出産などに関するいくつかの改革については、自由主義諸国のフェミニストと一致した見解を持つことが可能であったが、これは一九三〇年代にスターリンが出生奨励主義に転じるまでのことである。共産主義政権下でこれらの平等主義的な権利要求の一部が適用されたとしても、それは権威主義的な集団主義的政策の枠組みにおいてのことであり、その政策は女性自身の解放や家父長的権力の廃止を目指すものではなかった。ドイツのローザ・ルクセンブルク〔一八七一〜一九一九〕やロシアのアレクサンドラ・コロンタイ〔一八七二〜一九五二〕、また中国の秋瑾〔一八七五〜一九〇七〕ら革命派の女子学生たちによる新しい女性の平等主義的ユートピアは、長続きしなかった。体制が確立されると、国家の経済的およびイデオロギー的な要請のみが優先されたからである。では、これらの国々によって追求された政策を何と呼ぶべきだろうか。あるいは、一九三〇年代のイランにおける白色革命の際、自律的なフェミニストの社会運動が、他の独立した政治勢力と同様に、抑圧されたことを思い浮かべてもよい。「国家フェミニズム」と呼べばよいのだろうか。権威主義的な平等政策によって、教育など特定の分野において一定の成果がもたらされた事実は否定できないが、それでも権威主義的な平等政策とフェミニズムによる解放のプロジェクトは区別すべきだろう。一方、民主主義の文脈においては、社会主義者や共産主義者、あるいは反植民地主義者などの左派政治勢力は、男女平等のための法律改革プロジェクトを進めるために不可欠な援軍であった。しかし、いざ女性たちが共同で行動を起こすときや、女性の集合的で自律的なアイデンティティを強化するようなテーマに関しては、いろいろと失望を味わうことも多かった。[2]

女性の権利を求める運動の拡大にともなって、穏健派、さらには保守派の政治参加も増加した。こうした潮流をどのように呼ぶかもまた、歴史学の議論の対象となっている。フェミニストのなかには、宗教を拠り所として、カトリック、プロテスタント、ユダヤ教に基づくフェミニズム運動を展開した者もいる。アメリカでは一八九三年に全米ユダヤ人女性会議が、一九一二年には国際ユダヤ人女性評議会が設立された。[3] イスラーム、儒教、ヒンドゥー教の国々では、フェミニストが宗教的伝統を丸ごと否定することはほとんどなく、むしろ宗教的伝統を平等主義的な要求に適応させることができると考えていたが、それでも彼女たちは強い批判の標的となった。宗教的保守主義に直面した反教権主義的なフェミニストの反応は、しばしば反宗教的な色調を帯びた。このような特徴は、ヨーロッパと南米のカトリック諸国で顕著に見られた。

一九三〇年代になると、フェミニズムはナショナリズムの潮流に、さらには国民社会主義運動に取り込まれていった。一九〇三年に設立されたイタリア全国女性評議会はファシズムと結びつき、「ラテン・フェミニズム」[4]の思想に染まった。ヒトラー政権下のドイツでは、ソフィー・ロッゲ＝ベルナー（一八七八〜一九五五）が人種主義理論を擁護し、特権的なアーリア人女性のみを社会に登用することを検討した。それでも彼女は孤立し、ナチスは彼女を拒絶した[5]。

女性の権利を求める運動は、このように多様であった。基本的には国ごとに組織されていたが、国際組織も形成された。

（2）Jayawardena, 1986 ; Offen, 2012.
（3）Las, 1996.
（4）Grazia, 1992.
（5）Meyer, in Farges et Saint-Gille, 2013.

2 国際組織

国境横断的《トランスナショナル》なダイナミズムは、十九世紀前半からすでに存在していた。それは、翻訳、人の移動、亡命、大会での交流、一般出版物での論評や写真などによって、ますます強化されていった。多くの女性活動家は、プロテスタントの影響を受けた禁酒運動（日本でも見られた）や売春規制反対運動を通じて、すでに国際組織を経験していた。フェミニストの思想と実践は、国際大会を通じて広まった。最初の大会は一八七八年にパリで開催された。主導したのは、フランスの先駆者レオン・リシエとマリア・ドレームである。その十年後、アメリカの女性たちはセネカ・フォールズ大会四十周年を機に国際女性評議会（ＩＣＷ）を設立し、各国の支部を連合させた。メイ・ライト・シュワール（一八四四〜一九二〇）は、ヨーロッパ中を旅行し、アメリカでの経験を生かして、非常に多様な宗教的、慈善的、党派的な女性たちの大規模な運動を推進した。これらの活動は、自分たちは穏健派である、さらには保守派であるとアピールすることによって、（最も数が多い）慈善勢力を味方につけることに成功した。その結果、慈善勢力は、もはや義務の観点からだけでなく、権利の観点からも考えるようになった。これにより、女性や男女平等に関する法案提出の可能性が高まった。フランスでは、ユダヤ系そしてとりわけプロテスタントの慈善団体が、宗教的ネットワークを生かしてアメリカの指導者たちと協力し、平等志向のフェミニストたちと団体を結成する主導的役割を果たした。一方、カトリックはおもにその反ユダヤ主義的傾向のために参加を拒否した。一九一四年までに、ヨーロッパと北米で二〇、その他の地域では三（一八九九年にオーストラリア、一九〇一年にアルゼンチン、一九一三年に南アフリカ）、合計二三の全国評議会が設立された。一九三九年の段階では、ヨーロッパとラテンアメリカ（一九二六年にペルー、一九二七年にブラジル）、そして南西アフリカ（一九三八年）を含む一三か国がこれに加わった。[6] ＩＣＷは、貴族階級や上流階級の女性たちの指導のもと、市民権、平和、健康、売春、移住、水質汚染などの問題を国内外に広く訴えた（一九三三年）。しかし、リダ・グスタヴァ・ハイマン（一八六八～一九四三）とアニータ・アウグスプルク（一八五七～一九四三）は、ＩＣＷがとりわけ政治的権利の問題についてあまりに慎重であることに不満を抱き、一九〇二年に国際女性参政権同盟（ＩＡＷＳ）の創設を提案し、一九〇四年に正式に設立された（のちに国際女性同盟ＩＡＷと改称）。この同盟は、一九〇四年から一九二三年までアメリカのキャリー・チャップマン＝キャット（一八五九～一九四七）が会長を務め、二年ごとに大会を開催し、機関誌『参政権（Jus Suffragii）』を発行した。この同盟の支持者には男性も含まれており、一九〇九年にはロンドンで女性参政権国際有権者連盟を設立し、数カ国に広がった。同盟の支部の設立は、いくつかの国の参政権運動に弾みをつけた。フランスでは、一九〇六年にジェーン・ミスム（一八六五～一九三五）が『ラ・フランセーズ』

（6）Rupp, 1997.

誌を創刊し、一九三六年にはセシル・ブランシュヴィック〔一八七七～一九四六〕がレオン・ブルム政権によって任命された三人の女性副大臣の一人となった。国際的な女性参政権運動は、初期の先駆者たちが掲げた個人主義的な主張をやや抑え、女性が家事を担う能力は「社会悪」と闘う有効な手段になると強調する議論を展開した。IAWSはICWよりも普及し、一九二三年には二六、一九二九年には五一の加盟団体を擁していた。[7]そのなかには、キューバ、中国、ローデシア、エジプト、シリア、トルコなど、ICWが存在しなかった国も含まれていた。第一次世界大戦後、多くの国で女性の政治的平等への道が開かれ、IAWSは市民権や平和主義にまで活動の幅を広げた。国際的なダイナミズムにも部門化が進んだ。一九一〇年にはラテンアメリカ初の国際フェミニスト会議がブエノスアイレスで開催された。[8]ネットワークが広がり、一九二八年には汎太平洋女性協会が設立され、一九三一年にはイギリス領インドの女性活動家がアジア全土のフェミニストを集めた会議を開催し、一九三五年にはアフリカ女性全国評議会（NCAW）が設立された。アメリカでは、アフリカ系アメリカ人女性たちが汎アフリカ主義の観点から、一九二二年に国際有色人種《ダーカー・レイシズ》女性評議会（ICWDR）を設立した。

戦争の時代は国際主義にとって厳しい試練の時期だった。一九一四年の段階で、大多数のフェミニストは愛国的な努力を支持していた。それでも少数の平和主義者たちは、一九一五年のハーグ会議で会合することに合意し、「婦人国際平和自由連盟（WILPF）」（一九一九年）の誕生につながった。

この国際組織はラディカル・フェミニズムの傾向を持ち、社会主義者や共産主義者と近い関係を持ち、ファシズムやナチズムと闘った。このような国際的なフェミニズムのダイナミズムは、新たに設立された国際連盟にも浸透し、多くの有力者が社会問題委員会で活躍した。特に女性の人身売買に反対し、既婚女性の国籍問題、女性の警察官登用の問題などに取り組んだ。一九三七年には、女性の地位に関する委員会が設置されたが、男女平等を原則とする決議の採択には至らなかった。

これらの組織が行なった法律上の作業や呼びかけの重要性を強調しておきたい。ただし、これらの組織は多くの内部分裂によって弱体化を余儀なくされた。政治的対立や世代間対立――一九一四年以前にアメリカやヨーロッパのエリート層を中心としていた指導者たちの高齢化によって目立つようになっていた――に加え、社会的、人種的、植民地的緊張によって姉妹愛《ソロリテ》は試練にさらされた。ラテンアメリカ、アジア・アフリカ諸国を完全に統合することは、容易ではなかった。さらに、ヨーロッパ帝国主義イデオロギーの勝利は、特に戦間期において、現在のポストコロニアル研究で「植民地フェミニズム」あるいは「帝国フェミニズム」と呼ばれる曖昧なフェミニズムの戦略を露呈させた。(9) ヨー

(7) *Ibid.*
(8) Larvin, 1995.
(9) Burton, 1994.

ロッパのフェミニストたちは、しばしば自分たちの優位性を確信しており、植民地という場が自分たちのノウハウと西洋的な文明化の使命における有用性を実証する機会になりうると考えた。彼女たちは西洋と白人による支配の必要性を確信しており、現地の女性たちは現地の文化によって疎外されているという、オリエンタリズムのステレオタイプを強化した。家父長的ならぬ家母長的あるいはたんに植民地主義的な姿勢は、西洋白人フェミニストである彼女たちが、植民地社会に存在するその他の不平等や、植民地化された女性たち自身の抵抗の形態に無関心であったことを示している。それにもかかわらず、西洋白人女性によるフェミニズムが、教育、職業訓練、雇用へのアクセスなどの分野で一定の影響力を持ち、現地で反響を呼んだ可能性は否定できない。また、一部のフェミニストは、人種主義、特にアラブ人に対する人種差別を糾弾した。一八八八年から一八九二年までアルジェリアで暮らしたフランスの女性参政権論者ユベルティィーヌ・オークレールがそのような人物の一人である。それでも彼女は、フランスの文明化の使命を信じていたし、黒人を擁護することはなかった。また、一八九三年からインドで暮らすようになった神智学者アニー・ベサント（一八四七〜一九三三）のように、反植民地闘争に関わるようになった者もいた。[10] 戦間期には、WILPFにおける反植民地的立場が特にフランス部会において、あるいは植民地の代表団を通じてより鮮明になった。だが、平等主義のプログラムを植民地の女性に拡大したり、植民地部会の責任を非ヨーロッパ人女性に委ねたりすることは、依然として困難だった。

植民地主義の影響と支配を受けた地域において、フェミニズムはどのように発展してきたのだろうか。それは、長いあいだ知られず、無視されてきた。あるいは、フェミニズム発祥の地である西洋の枠外にあるものと認識されてきた。だが、こうした地域のフェミニズムは、西洋の女性活動家たちとの接触を通じて形成され、それぞれの国の歴史のなかに確固たる位置を占めている。

3　フェミニズム、ナショナリズム、反植民地主義

ヨーロッパの支配に対する抵抗運動が組織されたほとんどの国において、女性の権利を求める運動も本格化した。それはインド、中東、イラン、北アフリカから中国を経て、一九〇五年から一九四五年まで日本に植民地支配されていた朝鮮に至るまでの範囲に及んだ。これらの運動を担ったのは、西洋発の近代を自分たちの文化や国のプロジェクトに適応させようとする文学的、哲学的、政治的な潮流であった。とはいえ、このような選択は、広く受け入れられたわけではない。多くのナショナリストがそれに強く反対した。植民地支配をする側は、宗教的な規範や家父長制的な慣習における女性の劣位を根拠に、自分たちの権力を正当化した。そうしたなかで、男女平等という問題は、不変とされ

(10) Jayawardena, 1995.

る伝統に挑戦する西洋の脅威と見なされた。また、男女平等の問題は、政治的闘争の緊急性に比べれば二次的なものであると見なされた。こうした矛盾にもかかわらず、フェミニズムの運動は異議申し立ての環境のなかで生まれ、女性活動家たちはそうしたなかで成長発展を遂げていった。

エジプトは、イギリスの支配に対する抵抗運動から生まれたフェミニズムという印象的な実例を示している。[11] 一八九〇年代以降、文学やジャーナリズムのネットワークを通じて、経済的余裕と学問的教養を持つ女性たちはハーレムを脱出し、お互いに出会って意見交換をし、出版活動や慈善活動に取り組むことが可能になった。このような女性たちのイニシアティヴと並行して、改革派の男性知識人カースィム・アミーン（一八六三／五～一九〇八）は、一八九九年に主著『女性の解放』を出版した。この著作は、当時エジプトのムフティーだったムハンマド・アブドゥフ〔一八四九～一九〇五〕が提唱していた改革派イスラームの一環をなしていた。アミーンは、女性は閉鎖的な私的領域の束縛から解放され、よい教育とよりよい市民的地位を享受すべきであると主張した。そうすれば、ヴェールの義務からも逃れ、必要であれば働いて生計を立てることもできるだろうと説いた。彼のこの著作はスキャンダルを引き起こしたが、カースィム・アミーンは一九〇〇年に第二の著作『新しい女性』を発表してそれに応えた。この著作では、コンドルセやスチュアート・ミルの系譜を参照し、啓蒙の哲学やヨーロッパ自由主義思想の名において、より急進的な主張を展開した。スキャンダルを引き起こしたにもかかわらず、これらの提案は画期的なものであり、アラブ世界およびペルシア世界における考察を促した。しかしながら、フェミニズムの社会運動が具体的な形を取るようになるのは一九二〇年代である。国民革命が起こると女性たちはそれに参加し、街頭デモにも加わった。フーダ・シャーラーウィー（一八七九～一九四七）もそうした女性の一人で、戦前の文学の世界で進歩的な思想の影響を受けていた。新憲法が女性に参政権を与えなかったことに失望した彼女は、一九二三年にサイザ・ナバラーウィー（一八九七～一九八五）とともに、「エジプト・フェミニスト同盟」を設立した。この組織名は、教養ある上流階級の言葉であるフランス語によるもので、「フェミニスト」という語を明記していた。同盟の綱領には、一般的なナショナリズムの部分と、男女平等を目指す部分の両方があった。特に教育を受ける権利や市民権の獲得、女子の早婚や一夫多妻制の告発、さらには売春の弊害が強調されている。属人法規それ自体を問題視しない形での民事の離婚が提案され、ヴェールは女性を束縛するものであると告発されている。一九二三年、シャーラーウィーとナバラーウィーは、国際婦人参政権連盟の大会からの帰途、公の場でヴェールを脱ぐという、非常に政治的な振る舞いをした。一九二五年にはフランス語の雑誌『エジプト人女性』を創刊した。一九三七年にはアラビア語版の『エジプト人女性』を創刊し、アラブ世界の統一を目指す汎アラブ主義を掲げ、パレスチナ防衛の

（11）Badran, 2009.

ための闘争を展開した。コスモポリタンであった彼女たちの周りには、ムスリム女性、ユダヤ教徒女性、キリスト教徒女性が集まってきたが、彼女たちがイスラームそのものを疑問視することはなかった。クルアーンは、男女平等の原則に適合すると考えられていた。しかしながら、保守派の宗教者やムスリム同胞団はフーダ・シャーラーウィーのアプローチを反宗教的であると判断し、世俗主義的で西洋かぶれであると批判した。そして、独自の女性部門を組織した。西洋のフェミニストたちとの関係も、つねに良好とは限らなかった。一九四九年には、パレスチナ問題をめぐって分裂が起きた。エジプトのフェミニストたちの目には、パレスチナの人義が〔西洋のフェミニストから〕十分に支持されていないと映ったのである。

フェミニズムの言葉はシリアでも鳴り響いた。ファイサル国王の新しいアラブ民族国家（一九一八〜一九二〇）では、ナジック・アビド（一八九八〜一九五九）と女性グループが選挙権を要求して原則的な合意を取りつけた。「レバントのジャンヌ・ダルク」の異名を持つ彼女は、一九二〇年にはフランス軍と戦った。独立を果たすことはできなかったが、行動的なフェミニスト活動家であり続け、属人法規と経済的・政治的権利の改革を訴えた。レバノンでは、ドゥルーズ派〔シーア派から発生した一派〕の女性小説家ナジラ・ゼイン・アルディーン（一九〇八〜一九七六）が、一九二八年にヴェールに対する正真正銘の告発を発表した。彼女はこれをクルアーンの学問的解釈の名において行なったが、ウラマー〔イスラーム法学者〕たちから厳しく批判された。[12] チュニジアでは、一九二〇年代に女性たちがヴェールを脱ぎ、女子教育とヴェール廃止を求めて声を上げた。労働組合員のタハール・ハダド（一八九九〜一九三五）は、一九三〇年に出版された著書『宗教法と社会における私たちの女性』において、より急進的な主張を展開し、一夫多妻制、男性側からの一方的な離縁、不平等な相続などに反対したところ、宗教的権威のみならず植民地当局からも激しく否定された。同じ時期のアルジェリアでは、『明日の女』などの女性向け出版物が、男女平等をめぐる問題を社会に広めた。女性たちは、特に共産党において活動に取り組み、独立のための政治闘争にも献身したが、これらの提案が聞き入れられることはなかった。(13)

トルコの誕生は、二十世紀初頭からフェミニストたちが追求してきた平等主義のプログラムが、別の形で実施されたことを示している。なかでも、一九一三年に設立された「オスマン女性の権利擁護協会」や、ウルヴィエ・メヴラン（一八九三〜一九六四）が編集長を務めた雑誌『世界の女性たち』を挙げることができる。(14) 平等主義的な施策の始まりは、一九〇八年の青年トルコ人による民族主義革

（12）Thompson, 2000.
（13）Daoud, 1993.
（14）Haan *et alii*, 2013.

命に求められる。一九二二年以降のケマル主義のトルコは、フランスのライシテから着想を得つつ、ジェンダーの観点からはフランスよりも平等主義的な色合いを加えた政策を推進した。強制的な世俗化措置には女性たちに関わるものが多く、それは民族主義的な戦争における女性たちの献身を称揚するものであった。女子教育、女性の大学進学、スイスをモデルとする民法（一九二六年）の採用によるシャリーア法の廃止などがそれである。配偶者同士の平等は認められなかったが、一夫多妻制の廃止、婚姻年齢の規制、平等な相続権の確立などが実現された。地方選挙権（一九三〇年）、次いで全国選挙権（一九三四年）の制定により、トルコ人女性は選挙権および被選挙権を獲得した。これは、ヨーロッパで参政権を唱えてきた女性たちの誇りを傷つけることにもなった。男女の服装改革とヴェールの禁止は非常に象徴的なもので、女性たちの身体は世俗化したものとして再び造型され、西洋音楽に合わせて踊ることを奨励された。しかし、このような急進的な変化は、あらゆる反対運動に対する厳しい弾圧をともなうもので、実際には都市部の女性エリートにしか影響を与えなかった。それは、上からの女性解放という形式を導入して、女性たちが長いあいだ要求してきた権利（教育や政治的権利）を与えたが、特に家庭や慣習の問題に関しては、男性の保護監督権を維持するものだった。それでも、アタテュルク〔一八八一～一九三八〕の革命は、世俗化と男女平等と近代化と進歩は互いに関連しているという考え方を広め、その国際的な反響は、イスラーム諸国や日本において、非常に大きなものであった。

インドでは、十九世紀末からフェミニズム運動が始まった。優先されたのは、女子教育と女性参政権であった。運動はイギリスのフェミニストたちの影響を受けつつ、やはり反植民地闘争をきっかけに、インド人女性のあいだで発展した。一九一三年にノーベル文学賞を受賞した有名な作家ラビンドラナート・タゴール（一八六一〜一九四一）は、一九三六年のエッセイ『ナリ（女）』のなかで、女性を教育し知性を発達させるべきことを主張している。[15]

ラテンアメリカの「植民地的状況」は、ヨーロッパ支配の過去に加え、アメリカが数度にわたる軍事介入を通じて大陸での帝国主義政策を強化したこととも関係がある。最初の汎アメリカ・フェミニズム組織が設立されたのは一九二一年で、それはウルグアイ初の女性産科医パウリナ・ルイジ（一八七五〜一九五〇）の発案によるものだった。[16]

（15）Purkayastha, 2014.
（16）Marino, 2019.

Ⅱ　平等のための闘い

1　教育の平等、職業の平等、市民としての平等、家庭での平等のために

フェミニズム運動は非常に多様だが、それでも教育の平等、職業の平等、市民としての平等という共通の大きな目標が掲げられてきた点は一致している。

教育へのアクセスは、つねに最優先の課題であり続けてきた。それは将来のあらゆる変革を実現する鍵と見なされ、教育分野でのさまざまな先進的な取り組みを生み出してきた。メキシコのユカタン州では、詩人のリタ・セティィナ・グティエレス（一八四六～一九〇八）が、一八七〇年に貧しい少女たちのための学校「シエンプレビーバ〔ムギワラギクの意〕」を設立した。

学校では、あるいは大学でも、少なくとも低学年の段階では、男女共学すなわち男女混合教育は、男女間の関係をより調和のとれたものにするための適切な手段であるとしばしば考えられた。大学進学や就職の門戸を女性にも開放することは、具体的な社会運動の対象となった。

フェミニストたちの多くにとって、家庭的な女性という理想は根強く残っていたが、労働は権利であるという考え、とりわけ独身女性や未亡人、最も恵まれない女性たちにとっては重要な権利であるという確信が多くの社会運動を生み出し、職業活動が奨励され、同一賃金の原則が主張された（ただ

しその実現にはまだ程遠かった）。いくつかの国では、経済危機の際、特に一九二九年の世界恐慌の際に、既婚女性の就労を禁止する政策が取られたが、フェミニストたちはこれを強く非難した。最左翼に位置する女性活動家たちは、女性労働者や家事使用人の過酷な労働条件を強調し、ストライキや具体的な要求（店舗で働く女性従業員が椅子に座る権利など）の際には、女性たちの権利要求を支持した。これに対し、労働運動や労働組合はストライキについては支持したものの、女性は家事をするものというモデルに囚われていた部分があり、その他の平等を求める権利要求については、あまり理解を示さなかった。

男性のみに許されていた特権的職業に就くための闘争の成功が、フェミニズムの最前線を形作ってきた。それぞれの勝利は、活動家たちの媒体を通じて報じられ、国際的に注目を集めた。最初の女性医師、弁護士、判事、建築家たちが開いた扉が、その後再び閉ざされることはほとんどなかった。とはいえ、その数は徐々にしか増えなかった。

一般的慣習法《コモン・ロー》や、ヨーロッパや南米の多くの国々が模倣した一八〇四年のナポレオンの民法典、さらに一八九八年の日本の民法、そして宗教法の重みのもとで、結婚した女性たちは不公平な処遇を受けていた。こうした状況は、大規模な異議申し立ての場を提供し続けてきた。結婚に関する女性たちの権利要求は具体的なもので、彼女たちは自分の夫を選び、夫の軛《くびき》に服従することなく、場合によっては離婚して夫と別れる自由を望んだ。そうした権利要求には、自分の財産を所有し管理する権利や、自分で稼いだ給料を自由に使う権利も含まれていた。さらには、女性だけに課される姦通罪の廃止、妻を監禁することの禁止、結婚後も国籍や名前を保持する権利、離婚後に子どもの後見人となって養育する権利などが求められた。世俗化が進んでいたプロテスタント諸国では、カップルや家族における平等を進めることが比較的容易であった。既婚女性の地位は特に財産管理の面において改善されたが、夫が権力を握っていることは厳然とした規範であり続けた。こうした状況でフェミニストたちは、多くの勝ち取るべき要求の実現には国家の関与が不可欠であると考えた。彼女たちは、リベラルな枠組みにおける福祉国家や男女間の対立を調停する国家の出現に重要な役割を果たした。

イスラーム、儒教、仏教、ヒンドゥー教の国々では、一夫多妻制や妾制度、児童婚、相続に関する規定への批判が優先課題とされた。これは、植民地当局が個人の身分の管理を属人法規として宗教当局に委ねていたためである。一九三五年にタイで一夫多妻制が廃止されるなど、いくつかの成果が見られた(17)。

道徳の問題も取りあげられた。男性の性的逸脱行為には寛容でありながら、私生児を産み一族の名誉を傷つけかねない女性には厳しいという、道徳の二重基準が糾弾された。一般に求められたのは、男性が自らの衝動を抑制することであった。父子関係をはっきりさせることが、若くして未婚の母となる女性が直面する悲惨を避ける解決策になると考えられた。国家による売春規制と娼館はこぞって批判された。

教育、職業上の権利、市民権の分野で獲得された成果は重要であったが、それらは脆弱でもあった。権威主義体制や独裁政権、戦争や戦後の混乱期には、しばしば後退を強いられ、女性の管理やジェンダー関係の見直しが課題とされた。

しかし、フェミニストたちは、ただひとつの声で語ったわけではない。議論の焦点のひとつは、女性の労働であった。女性は母親としての役割を持つとともに脆弱な存在であるから特定の法律によって保護すべきなのだろうか、それとも（産休は別として）男女間の絶対的な平等を推進して差別を生み出さないようにし、差別を正当化することになる差異主義のモデルには異議を唱えるべきなのだろうか。この問題は夜間労働をめぐって生じ、いくつかの国では女性の夜間労働が法律によって禁じられた。一八四四年のイギリス、一八九二年のフランスに続いて、一九一九年には国際労働機関（ＩＬＯ）によって女性の夜間労働は原則禁止とされた。これは国際会議で熱く議論されたテーマである。博愛主義の篤志家や社会主義者たちは女性の保護に賛成した。つまり、男女間には差異があるとして女性の健康を守ろうとしたのである。一方、リベラルと急進派は、これは女性の保護を理由として女性を労働市場から締め出そうとするものであると考え、これに反対した。保護に賛成したイギリス、

(17) Roces et Edwards, 2010.

アメリカ、ドイツの女性たちは、フィンランドやフランスの女性たちと対立した。論争は、女性参政権のような比較的合意が得られやすいテーマにも及んだ。一九〇〇年から一九二〇年にかけて、女性参政権は各国における主要な権利要求のひとつとなった。

2　女性参政権運動の分裂

女性参政権運動はその影響力を拡大するにつれ、より保守的な勢力をも引きつけることがしばしばあったが、社会主義の女性たちもこの運動を再び取りあげた。特にドイツではそうであった。つまり、フェミニストたちのあいだで議論の対象となったのは、政治的権利の原則そのものであるというより、それをどのように適用すべきか、またそれを達成するための戦略であった。ただし、世論はまだ女性の政治的権利に賛成する状況からは程遠かった。

女性参政権論者たちを分断した問題のひとつが人種問題だった。アメリカでは、黒人と女性の選挙権が奴隷廃止論者のフェミニストにとって優先事項であった。しかし、南北戦争が終結し、議会が黒人男性にのみ政治的権利を与える修正第十五条（一八六九年）を可決したとき、フェミニストたちの意見は分かれた。

エリザベス・キャディ・スタントンとスーザン・B・アンソニー〔一八二〇〜一九〇六〕の二人は、一八五二年に出会って以来一緒に運動を続けてきたが、女性が排除されたことに深い衝撃を受けた。

一八六九年、彼女たちは全米女性参政権協会を設立し、その機関誌『革命』は急進的な姿勢を打ち出した。しかし、彼女たちは女性の権利を優先するあまり、それまではソジャーナ・トゥルースのようなアフリカ系アメリカ人女性の活動家も参加していたにもかかわらず、黒人運動との連携には消極的になった。そうして彼女たちは、人種隔離政策の導入に賛同した南部諸州の女性たちの支持を求めたのである。

一方、一八四〇年代から奴隷制度廃止運動の指導者でフェミニストでもあったルーシー・ストーン〔一八一八〜一八九三〕は、同じ一八六九年、修正第十五条に賛成であることを表明し、アメリカ女性参政権協会を設立した。同協会は、目的と現状分析において、またとりわけ宗教問題に関して、より穏健な立場であった。以上二つの協会は一八九〇年に合併した。

アフリカ系アメリカ人女性は、〔白人女性のフェミニズム〕運動が人種隔離政策を敷く南部全域に広がるにつれて、また運動が反リンチ法の支持を拒否したことにより、ますます疎外されるようになった。こうしたなかで一八七〇年には黒人女性参政権協会が設立され、その約二十年後には、女性参政権論者のフランシス・ワトキンズ・ハーパー〔一八二五〜一九一一〕が、アフリカ系アメリカ人女性初の大学卒業生であるメアリー・チャーチ・テレル〔一八六三〜一九五四〕とともに、全米有色人女性協会を設立した[18]。

オーストラリアでは、アボリジニ女性の選挙権か問題提起された。彼女たちは、一九〇二年の法律によって排除され、一九六二年まで選挙権を持つことができなかった。同様に、南アフリカでは、黒人、混血、インディアンの女性の選挙権が問題提起された。彼女たちは、一九三〇年の法律から事実上除外され、一九九四年まで選挙権が認められなかった[19]。

フランスでは、人民戦線政権下で、ブルム＝ヴィオレット法案が提出された。この法案は、アルジェリアに住む一定数のムスリムに、属人法規身分の放棄を義務づけることなく市民権を与えることを想定しており、フェミニストたちを分裂させた。彼女たちのなかには、自分たち女性の権利が「先住民」の権利よりも後回しにされていることに憤慨する者もいた[20]。

イギリスの女性参政権論者の内部分裂は、他国とは異なる性質のものだった。女性の参政権はすでに一八六〇年代には議題になっていた。ジョン・ステュアート・ミルは一八六七年に「人＝男性（man）」を「人（person）」に置き換える修正案を議会に提出したが、可決には至らなかった。いくつかのグループが組織され、一八六八年には「全英女性参政権協会」として統合された。だが、男性と同じように、一定の税金を納めた人のみに選挙権を与えるのか、それとも万人に普通選挙権を与えるのかという問いが、女性活動家たちを分裂させた。労働党や労働組合に近いランカシャーの女性参政権論者たちは、納税額に基づく制限選挙に反対し、女性労働者たちの意識を高めることに成功した。これと反対の立場を取ったのが、ミリセント・ギャレット・フォーセット（一八四七～一九二九）である。彼女は、立憲主義者（合法主義者）運動の指導者となり、一八九七年に女性参政権協会全国同盟を結成して女性参政権運動を再統一した。ただし、彼女は一九一二年には労働党との連携に成功し、普通選挙に女性を含める道を開いた。一九一四年には六〇〇の団体と十万人の個人会員を統率する一方で、一九〇八年以来、男性と同じ納税額の条件を設けた女性参政権を主張する論者たちとの厳しい競争に直面していた。

このような分裂は、納税額に基づいて参政権が与えられる国々における女性参政権論者たちに共通するものだった。[21] イタリアでは、普通選挙に賛成していたフェミニストは、一九一二年に男子普通選挙が実現されると社会主義者からの支持を失い、女性参政権の獲得は一九四六年まで先延ばしになった。しかし、別の文脈においては民主主義勢力との同盟は可能であり、多くの成果がもたらされた。

3 女性参政権論者たちの攻撃

フェミニズムの歴史全体を貫く急進派と穏健派の対立は、特に選挙権をめぐる問題において顕著

(18) Kish Sklar, 2007.
(19) Daley et Nolan, 1994.
(20) Boittin, 2010.
(21) Hannam, 2007.

である。[22]穏健な女性参政権論者たちが合法主義的で慎重な戦略を採用したのに対し、「サフラジェット」と呼ばれる女性参政権論者たちはスキャンダルと市民的不服従を選択した。選挙権の問題が議会で提起されるたびに、彼女たちは組織的な妨害を受けた。フランスでは、すでに一八八〇年代より、ユベルティーヌ・オークレールが挑発的な手法を用いてメディアの注目を集めていた。これは、「サフラジェット」という言葉が一九〇六年にイギリスの新聞に登場するよりも前のことである。戦間期にも、この手法に触発された女性がいた。とりわけジャーナリストのルイーズ・ワイス（一八九三〜一九八三）――彼女はのちに一九七九年に初めて行なわれた欧州議会議員選挙で最年長の議員となった――は、映画や女優フランソワーズ・ロゼー（一八九一〜一九七四）や女性飛行士など有名人たちの名声を利用して、自分の主義主張を広めることを躊躇しなかった。あるいは、路上で鎖につながれるパフォーマンスをしたり、フランス杯サッカーの決勝戦を妨害したりした。

しかしながら、イギリスの女性参政権運動の例に匹敵するものはなかった。ミリセント・ギャレット・フォーセットとともに、請願や平和的なデモなど改革主義的な戦略を選んだ立憲主義的な女性参政権論者たちに対し、労働党員だったエメリン・パンクハースト（一八五八〜一九二八）とその長女クリスタベル（一八八〇〜一九五八）および次女シルヴィア（一八八二〜一九六〇）は反旗を翻し、権力との対決を主張した。彼女たちは一九〇三年に女性社会政治同盟を結成し、三年後に開始した新しい戦術は非合法的でますます人目を引くものになっていった。

サフラジェットたちは、ジャンヌ・ダルクの旗を掲げて集会で大騒ぎし、紫、白、緑の色を誇らしげに掲げて街頭デモをするなど、意図的に人びとに衝撃を与えた。暴力の行使は、有名な「黒い金曜日」（一九一〇年十一月十八日）以降、激しさを増すようになった。これは、多くの活動家女性が残忍な暴行を受けて逮捕された事件で、このとき警察は野次馬が彼女たちに暴行を加えるのを黙認した。囚人女性たちによる有名なハンガーストライキもあった。彼女たちは政治犯とは認めてもらえず、強制的に栄養を摂取させられた。サフラジェットたちはまさにゲリラ的な戦略で、店の窓ガラスを割ったり、公共の記念碑やナショナル・ギャラリーにあるベラスケスの『鏡のヴィーナス』を汚したり、爆弾を仕掛けたり、教会に放火したりした。エミリー・ワイルディング・デイヴィソン（一八七二～一九一三）は、競馬場に不法侵入して馬に押しつぶされて命を落とし――人びとは長いあいだこれは自殺であると考えていた――女性活動家たちに衝撃を与えた。彼女の葬儀には多くの人びとが参列した。

それでもサフラジェットたちは、立憲主義的な女性参政権論者たちと同じく、リベラルなイギリス政府を屈服させることはできなかった。ようやく第一次世界大戦が終結した一九一八年、女性参政権

(22) Bijon et Delahaye, 2017.

論者の大多数が大戦中に愛国主義者であることを示したこともあり、三十歳以上の戸主である女性が選挙権を獲得した（この権利は一九二八年にすべての女性に拡大された）。

サフラジェットたちの戦術は、彼女たちが唱えた大義の重要性や、彼女たちが受けてきた過酷な扱いを世論に訴えることによって、運動に利益をもたらしたのだろうか。それとも逆に、過激な暴力のエスカレートによって支持を失ったのだろうか。人びとは長いあいだ彼女たちの運動の有効性と戦闘的性格を強調してきたが、最近の歴史研究には穏健な参政権運動の重要性を再評価する傾向が見られる。同時に二つの集団の運動に関わった女性たちもいるのだから、それは理にかなっている。一九〇七年には、破壊行為を拒否する女性たちによって女性自由連盟が設立された。また、エメリン・パンクハーストの権威主義的な性格に反発し、彼女のもとを去った女性支持者もいた。イギリスの女性参政権運動は、多くの支持を集めて高い動員力を示したこと、多数の女性労働者が関与したこと、そしてそれが引き起こした政治的暴力の点において、現在でもなお模範的な事例とされている。たとえこの運動がおぞましいものとして否定的に扱われ、カリカチュアによって広く批判されたとしても、この運動が生み出したメディア的な反響は、広範かつ国際的なものであった。実際にサフラジェットは、アイルランド、アルゼンチン、中国、アメリカで模倣者や同調者を生み出した。

アメリカの女性参政権運動家のなかでは、ロンドンで暮らした経験のあるアリス・ポール（一八八五〜一九七七）が、一九一三年にサフラジェットの方法を導入した。第一次世界大戦中、彼女はホワイトハウスの門の前でデモを組織し、ルーシー・バーンズ〔一八七九〜一九六六〕と一緒に逮捕された。彼女たちも、ハンガーストライキをしたときに、強制的に栄養を摂取させられた。この暴力が引き起こした感情が、一九二〇年の憲法修正第十九条による政治的平等の達成につながった。

中国では、一九一一年の革命のあと、女性による戦闘的な団体がいくつか組織された。日本に留学経験のある唐群英〔一八七一〜一九三七〕は北京で中国女性参政権協会を設立し、女性の参政権を優先事項として闘ったが、その努力は実を結ばなかった。一九一三年以降、女性参政権運動は他の反政府運動とともに弾圧され、一九二〇年代に入るまで再開されることはなかった。ただし、より慎重な女性参政権論者の戦術がほとんどの期間において優勢であり、それは複数の要素を組み合わせて目的を達成しようとする戦術であった。

4　女性の市民権へのアクセス

女性参政権論者たちは、さまざまな出来事を通じて自分たちの声を社会に届け、最終的には政治的平等を達成することができた。米国ワイオミング州が有権者数を増やすことを求めて先陣を切り（一八六九年）、ニュージーランド（一八九三年、マオリ族の女性も含む）やオーストラリア（一八九四〜一八九九年）の全国規模での闘争の勝利がそれに続いた。また、フィンランド（一九〇六年）はロシアの支配から、ノルウェー（一九一三年）はスウェーデンから独立する過程で、アイルランドはイギリスとの戦いのなかで女性参政権を実現した[23]（一九一八年）。

多くの国では納税額に基づく制限選挙が行なわれていた。革新勢力はこれに反対して闘い、さまざまな動員の結集につながった。女性たちは政治的急変の歴史的瞬間において重要な役割を果たした。一九一八年のドイツ、オーストリア、ハンガリーにおける女性たちがそうだった。ロシアでは、一九一七年二月の革命後に成立した臨時政府が女性による大規模なデモに譲歩した（しかしその後女性たちは一九九一年まで投票することはなかった）。第二共和政下のスペインでは一九三一年に弁護士クララ・カンポアモール（一八八八〜一九七二）が女性の権利向上を訴えた。ラテンアメリカでは、女性参政権運動がリベラル派の支持を得たが、大規模な運動に基づくものではなかった。ブラジル（一九三二年）では、国際女性参政権組織のメンバーであったベルタ・ルッツ（一八九四〜一九七六）〔動物学者で一九二二年にブラジル最初の女性運動組織「女性の進歩のためのブラジル連盟」を設立した〕の指導力が際立っていた[24]。

女性参政権論者が民衆階級の支援を得て勝利を収めた国々もある。一九三二年のウルグアイがその例である。第二次世界大戦は、女性参政権に反対する勢力による障害を克服することを可能にした。フランス本土では一九四四年四月二十一日のオルドナンスにより、イタリアでは一九四六年に、女性参政権が達成された。フランスの「遅れ」の理由については大いに議論されてきたが、スイスの女性は一九七一年まで待たなければならなかった。もっとも、植民地の女性は一九四四年のオルドナンスの適用範囲外であったことを指摘しておかなければならない。フランスの三県だったアルジェリアでは、ヨーロッパ人女性と属人法規の身分を放棄した「先住民」女性だけが、一九四四年十一月のデクレに基づいて投票権を得た。その他の女性たちは、一九五八年まで投票することができなかった。セネガルでは、先住民女性への選挙権拡大は見送られた。彼女たちの強力な社会運動によって、当局は一九四五年についに譲歩し、「四つのコミューン」の住民女性には認められたが、女性選挙権が「フランス連合」全体に拡大されたのは一九五六年のことであった[25]。

欧米列強に植民地化されたり支配されたりした国々でも、選挙権はフェミニスト・ナショナリストの運動における優先事項であったが、一九四〇年代ないし一九五〇年代までは、ほとんど支持を得られなかった。

(23) Rochefort, 1998 ; Daley et Nolan, 1994.
(24) Morant, 2006.
(25) *Clio. Femmes, genre, histoire*, 2016.

III　新しい女性たちと解放

1　新しい女性像に対する熱狂

たしかに、選挙権を求める闘いが十九世紀半ばから二十世紀半ばにかけての平等主義的なフェミニズムを特徴づけてはいたが、同時にこのフェミニズムが解放への深い希求をも担っていたことを見落としてはならない。一八七九年にノルウェーの劇作家ヘンリック・イプセン〔一八二八〜一九〇六〕が執筆した戯曲『人形の家』の衝撃は、翻訳を通じてヨーロッパ全土に、次いで一九一〇年代には中国や韓国を含むアジアにも広がった。ヒロインのノラは、妻であり女であり子どもであるという役割に息苦しさを覚え、夫や自分の子どもたちから離れる決意をする新しい女性の姿を体現している。もはや自分の居場所を見つけられない女性の自我を描いたこの戯曲は、男性と結ばれるだけの存在ではありたくないという個人主義の出現や、新しい革命的な家族モデルの探求に関心を持つあらゆる場所においてて反響を呼んだ。フェミニストにとって、解放とは女性自身によって実現される征服として理解される。それは、権利の主体として承認されることに加え、自立へのアクセス、個人の能力の開花、主体性の肯定を意味している。このようなアイデンティティの射程を持つ権利要求は、女性らしさという規範を深く揺さぶるとともに、フェミニズム文化の多様性を示している。フェミニズムは多様だが、非常に根強く残るジェンダー化された秩序を侵犯してみせるところに共通点がある。さまざまなフェミニズムが目指すのは、女性たちが受けてきた教育に由来する心理的な束縛からの解放である。教え込まれてきた服従、諦観、慎み深さ、極端な節制は、柔弱さや臆病に転じうるものであるとともに、宗教的文化からも世俗的文化からも女性の美徳として称揚されてきたものである。文学に革新をもたらした女性作家ヴァージニア・ウルフ（一八八二〜一九四一）は、『自分ひとりの部屋』（一九二九年）や『三ギニー』（一九三八年）などの代表作において、彼女にはいささか政治的な側面に限定されすぎていると感じられたフェミニズムをも超えた地平で、創造性と女性らしさの解放を主張した。

ここまで論じてきた変化は、多かれ少なかれ世界的規模で起きたもので、移動の自由、身体の自由、外見の自由、個人の運命や職業を選択する自由に影響を与えた。反フェミニストたちは女性が男性化し第三の性が生まれていると非難したが、フェミニズムの出版物や文学は「新しい女性」――「新しいイヴ」も呼ばれることもあった――のイメージを、近代的なジェンダーの肯定的シンボルとして広めた。このタイトルを採用した雑誌もある。一九二〇年の韓国がその一例である。新しい女性像には、教育、労働、家庭生活、さらには娯楽の領域で起こっていた変化のさまざまな側面が反映されていた。さまざまな形で用いられた新しい女性像は、イギリスで始まり広く普及したメディア論や、消費主義の発展と不可分であった。広告や文学や芸術のなかで描かれる新しい女性は、アール・ヌーヴォーの「花の女性」や一九二〇年代のモダン・アートにおける幾何学的な女性像と混同されることがあり、その場合には平等主義的なプログラムの推進に人びとを巻き込むことはほとんどできなかった。だが、フェミニストにとっては、新しい女性は陶酔をもたらすような自由の象徴であった。その重要性をどのように評価するかが、急進派と穏健派の潮流を区別する主要な基準のひとつでもある。

2 自由恋愛と自由な母性

博愛主義《フィラントロピー》を背景に持つ多くのフェミニストにとって、権利の平等の要求は母性主義《マターナリズム》すなわち国のために子どもを作り教育する母親像がよいとされることを否定するものではないが、この母性主義は、女性が教育を受け、必要に応じて自分で生計を立て、配偶者を選び、社会活動に関与することを妨げるものであってはならないと主張する。このような考え方が、支配的なイデオロギーとはすでに大きく異なっているが、こうした穏健で博愛主義的で社会的と言えるフェミニズムが実は圧倒的に多数派なのである。こうしたフェミニズムは、解放の言説を語るわけではなく、平等のプロジェクトに愛着を示す傾向がある。コンセプシオン・アレナル〔一八二〇～一八九三〕〔スペインにおけるフェミニズムの先駆者の一人〕の著書『未来の女性』〔一八九五年〕がそれに該当する。カトリック教徒であった彼女は、この本において、女性も聖職に就くことができるよう要求し、キリスト教的フェミニズムを推進した。また、母性はたんなる象徴的な概念ではなく、出産と育児を通して公衆衛生に関わる経験であり具体的な責任であると主張した。出産と育児は、女性たちが公的領域において利用可能な権限や能力を、女性たちに与えることができる。なかにはそれを、国家による支援と特別手当を受けるに値する社会的機能であると考える者もいた。

絶対自由主義や自由思想の感化を受けた者たちは、国家には何も期待していなかった。彼女たちが熱望していたジェンダーの最前線とは、より急進的で、未来を待たずに実験可能なものであった。その選択肢のなかに、自由恋愛を含めることができる。自由恋愛は、アメリカのヴィクトリア・ウッドハル（一八三八～一九二七）〔一八七二年の大統領選挙で初めて女性として立候補したことでも知られる〕のような数少ない非凡な人物によって擁護されたが、女性参政権論者たちもあまりにスキャンダラスであると拒否している。ドイツのヘレーネ・シュテッカーも自由恋愛を擁護した。スウェーデンのエレン・ケイ（一八四九～一九二六）は、著書『恋愛と結婚』において自由恋愛の概念を推し進めると同時に、母と子どもの絆は重要なものであるとし、国家が出産と育児の負担を引き受けるべきであると主張した。さまざまなフェミニズムの雑誌が翻訳の場を提供した。エレン・ケイのテクストは、日本や韓国や中国でも論じられた〔早い時期の邦訳として、『恋愛と結婚』原田実訳、新潮社、一九一九年〕。フランスでは、マドレーヌ・ヴェルネ〔一八七八～一九四九〕とアレクサンドラ・ネール〔一八六八～一九六九〕（のちの偉大な女性探検家）が、若い時期に自由恋愛に熱中したが、マドレーヌ・ヴェルネは二十年後にこの選択を撤回した。フェミニストたちは一般に、〔自由恋愛を選ぶ〕女性が犯す危険に対して道徳主義の観点から敵視するか、少なくとも懐疑的な姿勢を示した。イタリアでは、小説家シビラ・アレラーモ（一八七六～一九六〇）が、自分自身の反抗の経験をもとに女性解放小説『ある女性』（一九〇六）を書いた。アルゼンチンでは一八九六年、アナキストの移民女性労働者たちが自分たちの雑誌のなかで、雇用主も夫もいらないと宣言した。アナキストは、自由な出産と育児という問題に関しても、最も急進的であった。

フロイト（一八五六～一九三九）、マグヌス・ヒルシュフェルト（一八六八～一九三五）、エドワード・カーペンター（一八四四～一九二九）、ハヴロック・エリス（一八五九～一九三九）、そしてエリスの信奉者でフェミニスト小説家のオリーヴ・シュライナー（一八五五～一九二〇）らの著作が、性に関する考察を深め、性科学《セクソロジー》を打ち立てた。この新しい学問分野は、新マルサス主義者を魅了したが、フェミニズムの領域においては完全に周辺的な位置にあった。新マルサス主義者たちは、人口増加の抑制を望んでいた——ときには「人種」を改良するために優生学の誘惑に屈することさえあった——が、彼らはマルサス（一七六六～一八三四）が命じていた貞操という考え方は拒否し、宗教の教えにも反して、当時利用可能だった避妊の方法（コンドームやペッサリー）を用いることを提唱した。ただし、新マルサス主義者たちは、女性の権利や男性支配の問題を必ずしも意識していたわけではない。この運動に触発され、性教育を重視するとともに、子どもを作るか作らないかを選択する自由を擁護したのは、しばしば絶対自由主義的なユートピアの思想を持っていた少数のフェミニストだけだった。

メキシコ革命を受けて、エルミラ・ガリンド・アコスタ（一八八六～一九五四）のように、政治闘争の急進性を女性の権利のための闘いに結びつけたフェミニストもいた[26]。

アメリカでは、ロシア出身のアナキストであるエマ・ゴールドマン〔一八六九〜一九四〇〕に続いて、看護師のマーガレット・サンガー〔一八七九〜一九六六〕が「産児制限」という言葉を提唱し、その大規模な普及に貢献した。彼女は研究者たちに経口避妊薬を発明するよう働きかけ、その結果、グレゴリー・ピンカス博士〔一九〇三〜一九六七〕が一九五六年にピルの開発に成功した。フランスでは、新マルサス主義者ポール・ロバン〔一八三七〜一九一二〕の影響を受けた女性自由思想家ネリー・ルーセル〔一八七八〜一九二二〕が、その卓越した演説能力で人びとの注目を集めた。彼女はフランス国内およびヨーロッパ各地を周り、自由な出産と育児を重視する自由思想家のフェミニズムを擁護した。このプロパガンダは一九二〇年の法律で厳しく禁止され、一九二三年の法律では中絶がいっそう厳しく弾圧された。イギリスでは、アニー・ベサントが一八七七年に避妊具の使用を奨励し、猥褻罪で有罪判決を受けた。一九二〇年代は、マリー・ストープス〔一八八〇〜一九五八〕が性の改革を主導した中心人物の一人であったが、その主張は優生学的なニュアンスを帯びていた。彼女は一九二一年にイギリス初の産児制限クリニックを開設した。ステラ・ブラウン〔一八八〇〜一九五五〕も同じ流れのな

(26) Valle-Ferrer, 1990.

かにいたが、一九三五年には〔著作のなかで〕中絶の権利をより明確に主張した。日本では、社会主義者でフェミニストの加藤（石本）シヅエ（一八九七〜二〇〇一）が、一九二〇年代に産児制限のための闘いを輸入した。

レズビアニズムとフェミニズムの関係は、まだ議論の焦点にはなっていなかった。一部の芸術家集団や祝祭の場などを除けば、女性同士の愛はタブーとされた話題で、その実体験はあったとしても、それ自体がフェミニズムの要求として主張されることはなかった。フェミニストたちの大部分は、社会から尊重されることを求めていたのである。それでも、男性支配を告発したルネ・ヴィヴィアン〔一八七七〜一九〇九〕のような作家や、フェミニズムの歴史にその足跡を残しているレズビアン活動家のカップルも存在する。とりわけ、ジャーナリストのリダ・グスタヴァ・ハイマンと、写真家で後に弁護士となったアニタ・アウグスブルクは、二十世紀初頭のドイツでラディカル・フェミニズムの若い世代のリーダーとなった二人で、共に生活し、共に闘った。

3　運動のなかの女性

新しい女性たちによるラディカルな権利要求は、フェミニストの多数派に対して周縁的な位置にとどまった。多くのフェミニストは、人口増加論者たちの側についた。その結果、対立の分水嶺はフェミニストと反フェミニストのあいだではなく、ラディカルなフェミニストや自由な出産と育児を望む者たちと、人口増加論者や出産奨励主義者から構成される抑圧的な陣営とのあいだに引かれることになった。

一方、「最初の女性」というテーマはコンセンサスを得やすい。男性の領域とされていた分野で認められた女性たちが体現する女性像を、フェミニストたちは高く評価した。そのような女性の数は二十世紀に入ると増加したが、その過程ではしばしば激しい抵抗を引き起こした。女子学生の入学を敵視する男子学生による示威行動、辛辣で侮辱的な風刺文書、脅迫や威嚇行為などである。パリでは一八八五年に、最初の女子研修医候補生二人の人形が、それまで男性だけに認められていた領域に女性が侵入してくることに抗議する男子学生によって、公の場で燃やされる事件が起きた。〔それでも〕こうした最初の女性たちは、平等のプロジェクトの勝利として、フェミニストたちから祝福された。そうした職業を足がかりに、指導者になっていった女性たちもいる。彼女たちの成功は、女性が男性に劣らず優秀であることを証明しただけでなく、若い女性たちにもっと野心的になること、そして笑われたり失敗したりするのではないかという恐れを克服するよう促した。芸術やスポーツにおける女性たちの活躍も高く評価され、同様の役割を果たした。とりわけ女性飛行士がもてはやされた。一方、女性がスポーツをすることができるようになったのは、一九二二年にパリで初の国際女子競技大会を組織したアリス・ミリア〔一八八四〜一九五七〕の成功に象徴される征服の成果である。これは、近代オリンピックの創始者ピエール・ド・クーベルタン男爵〔一八六三〜一九三七〕が定めていた女性排除を最終的に乗り越えるものだった。エディス・マーガレット・ガラッド（一八七二～一九一七）は、日本の武道である柔術をイギリスに紹介した先駆者であり、サフラジェットたちに街頭での闘い方の稽古をつけ、警察に逮捕されることのないようにした。たんなる娯楽としての身体活動さえ当然のこととしては受け入れられなかった時代であったことは、女性が自転車に乗ることが猥褻行為であるとして非難されたスキャンダルが示している。中国における纏足禁止のキャンペーンは、運動の自由の必要性を象徴しており、一九一二年には最初の禁止令が制定された。

より力強く、動きのある身体には、それに適した服装が必要とされた。モードの世界はそれを部分的に認め変化を遂げた。一八九〇年代にはドレスの裾を引きずっていたのが、一九二〇年代になるとシャネルのコスチュームやスポーツウエア・ファッションへと移行していった。だが、一九三〇年代のフランスでは、一流デザイナーたちが当時新たに支配的になってきたジェンダー保守主義に迎合し、より伝統的な女性らしさへの回帰を推し進めた。

服装の改革の試みは、すでに十九世紀から女性活動家たちによって推進されていた。最もよく知られているのは、アメリア・ブルーマー（一八一八～一八九四）である。膨らんだズボンを推奨した彼女の名前にちなみ、メディアはこの新しいコスチュームを「ブルマー」と呼んだ。エリザベス・キャディ・スタントンも一時期はブルマーを着用していたが、支持者を増やすことができず、最終的には着るのをやめた。コルセットや長すぎるスカートは批判の対象となり、盛んに論じられた。ところが、フランスのジャーナリストであるマルグリット・デュラン〔一八六四〜一九三六〕のように、非常にラディカルなフェミニストでありながら、女性らしく誘惑するためのあらゆる日常的な技術を開発する「レース細工のフェミニズム」の権利を強く主張する者たちもいた。これに対し、数は少ないものの、男性用のコスチューム、少なくともジャケットを着用する女性活動家もいた。女優や芸術家たちはこれを比較的気軽に取り入れることができた。メキシコのルイサ・カペティージョ〔一八七九〜一九二二〕は、男装の新しい女性として登場した。フランスの医者マドレーヌ・ペルティエ〔一八七四〜一九三九〕は、第一次世界大戦前に、少女たちに男らしい教育を推進し、髪を短くした数少ない女性の一人である。

実際、髪型の規範についても服従の象徴であると解釈する女性たちがいた。戦間期には少年風《ギャルソンヌ》の髪型が流行したが、その意味はさまざまだった。ギャルソンヌ、フラッパー、モダンガール、近代的な女、新しい女など、いかなる呼ばれ方であれ、彼女たちは自由な雰囲気を醸し出し、しばしば両性具有的な外見から、挑発的であると見なされた。レズビアニズムを髣髴とさせることもあった。フランスの小説家ヴィクトール・マルグリット〔一八六六〜一九四二〕は『ラ・ギャルソンヌ』〔一九二二年〕という小説を書いて成功を収め、スキャンダルを巻き起こし、ヴァチカンはこれを禁書処分にした。伝統的な服装をすることが規範になっていた国々では、男女ともに西洋の服装を取り入れていくことが主流になっていった。これは、一九一九年に日本の支配に反対して五・四運動に参加した、中国の新しい女性たちの選択であった。短髪の若い女子学生たちは、一九二七年の虐殺の標的となった〔一九二七年の南京事件を指し、一九三七年の南京大虐殺とはまた別の事件〕。

イスラーム圏の国々では、ヴェールが大きな注目を集めた。一九二八年にはアフガニスタンのソラヤ王妃〔一八九九〜一九六八〕のような公人が公の場でヴェールを脱ぎ、女子教育や一夫多妻制についての進歩的な考えを明らかにした。ヴェールを脱ぐ動きは一般化していくが、それはトルコや一九三〇年代のイランのパフラヴィー朝のように、権威主義的な国家政策の結果である場合が多かった。あるいは、一九五八年のアルジェリアにおけるムスリム女性による最初の投票の際のように、植民地主義的なプロパガンダの結果であった。このような上からの改革政策には問題がある。多くの民衆は、そうした改革の必要性や緊急性を感じていなかったり、女性を西洋化する植民地主義的な圧力と見なしたりした。このような矛盾は、解放をもたらすとするフェミニズム言説の受容に混乱をもたらした。そのような言説自体が、植民地化された女性についての価値判断において、曖昧さを抱えていた。

女性らしさの伝統的なモデルは小説や演劇でも批判された。教育を受けた若い女性が、見合い結婚をさせられて控え目で従属した人間になることを拒絶し、自分で自分の運命を選び取る姿は、権利の平等という政治的表現を先取りし、やがてその表現とともに歩んだ。そうした作品では、反抗し自己を探求する女性の主体性が力強いモデルとして描かれている。女性の文人がフェミニズムの闘いの先鋒となることもあった。日本では平塚らいてう（一八八六～一九七一）が雑誌『青鞜』（一九一一～一九一六）を創刊した。この雑誌は、『人形の家』の旗印のもと、六年間にわたって女性読者たちに発言の機会を提供し、世界のフェミニズムの問題について啓発した。[27] 一九一九年、日本の女性参政権論者たちは、新婦人協会を結成した。政治意識に裏打ちされた小説や演劇は、女性たちが受けてきた虐待を告発する場でもあった。先住民小説の創始者とされるペルーの活動的な女性作家クロリンダ・マット（一八五二～一九〇九）は、虐待する神父を描くことを通して先住民女性を擁護した。

　このような解放への願望はフェミニズム文化と結びつき、新しい名前を求める運動をも生み出した。女性が夫の苗字を名乗ることが慣習で義務づけられていた社会では、出生時の苗字で通すことを望む女性も現われた。また、若い女性が「マドモアゼル」と呼ばれることを拒否する女性も出てきた。男性には〔「ムッシュ」と区別して〕未婚の男性を呼ぶ言葉「モンダモワゾー」が用いられないからである。さらに、職業名に女性形を設けることで、言語を適応させる必要があるとも考えられた。とはいえ、「女性弁護士《アヴォカット》」や「女医《ドクトレッス》」という言葉は、反発も引き起こした。従来の女性蔑視《ミソジニー》に、反フェミニズムが加わり、解放を目指す女性たちを槍玉にあげ、この女たちは男性から権力を奪い社会秩序

(27) *Ebisu*, 2012.

を転覆させようとしていると容赦なく批判した。

女性に対する軽蔑的な見方が、あらゆる主要な公式の理論に浸透しているとき、どのように対応すればよいのだろうか。まずは、知識を批判的にとらえることである。しばしば独学で自己形成した女性活動家たちは、女性についての先入観を覆そうとした。女性の脳や身体的・知的能力は男性より劣り、女性の生理と情緒と感情などは、すべての女性が潜在的な母親であり、そのような存在としてのみ定義されるといった先入観である。別の知識を構築しなければならない。とりわけ、女性史と社会学的アプローチによる知識である。この分野の先駆者であるイギリスのハリエット・マルティノー（一八〇二〜一八七六）は、アメリカ社会を鋭く分析した。数多くのジャーナリストや評論家が、過去および現在の女性たちの活動や具体的な生活を研究してきた。

本章で論じてきたこの長い期間を通して、女性の権利と解放を求める運動が根づいたが、それを特徴づけていたのは平等という問題である。とりわけ教育、職業に関する平等であり、市民的・政治的権利であって、その権利要求は国際的な相乗効果を高めてきた。しかし、これらのフェミニズムは複数形であって、それぞれが出現し、発展してきた文脈と不可分である。平等主義的なリベラル・フェミニズムは、民主主義体制における党派の違いを部分的に反映するところがあって多様であり、それに複数の反植民地主義的なフェミニズムや革命的なフェミニズムが加わる。それぞれの潮流が、フェミニズムの構成要素、すなわち平等と自由のための闘い、女性を価値あるものと認めさせるための闘い、家父長制的な規範からの解放のための闘いを、異なる形で組み合わせている。一九二〇年代における新しい女性というモデルの成功は、フェミニズムの問題の前例のない広がりと、非西洋的な文脈における独自の発展を示している。しかしながら、達成されたのは、しばしば教育における平等に限られていた。職業に関する平等はある程度進展し、政治的領域においてはかなり特筆すべき成果も見られたが、民法や宗教法の重みは依然として大きなものだった。夫婦間および家族内での平等、また女性に発言権と選択の自由を与える課題は積み残されたままだった。これらが優先的な課題となっていくのが、一九五〇年代から二〇〇〇年代にかけての時期の特徴である。

第三章　男女平等と女性解放のために（一九四五年〜二〇二〇年）

第二次世界大戦が終結すると、フェミニズムは新しい文脈において再建された。それは、冷戦（一九四五〜一九八九年）、中国の革命（一九四九年）、脱植民地化、福祉国家の発展といった時代背景のなかでのことである。その後、一九六〇年代の断絶とさまざまな反乱運動が続き、さらに北米帝国主義、ベトナム戦争、南米の独裁政権が、社会運動の条件を形成した。女性史の観点から見るならば、男女平等に向けた急速な変化は特筆すべきで、それはとりわけ「北」の国々において顕著であった。基礎教育や高等教育、労働市場、政治参加へのアクセスが改善され、新しい社会環境が生まれた。多くの領域でフェミニストたちは活発な社会運動を行なった。家事や育児はおもに女性の責任とされたが、国によっては技術革新や小さな子どもを育てる社会的枠組みの恩恵を受けることができるようになった。それでも女性は家庭にあって妻であり母であるという役割の考え方は根強く、多くの差別が正当化されている。市民権が女性に拡大されたとしても、形式的平等がただちに公共空間への扉を開くわけでも、家族や夫婦間の平等を実現するわけでもない。ましてや、生殖やセクシュアリティに関する問題が制御できるようになったわけではない。発展途上国と呼ばれ、独立を求める国々では、教育の推進や貧困との闘いが優先されたが、だからといって、非常に制限的なジェンダーや個人的地位が割り当てられている政治的・宗教的文脈のなかで、市民としての平等、政治的平等、家庭での平等の要求がなくなったわけではない。

これらの課題を前にして、フェミニズムの発展は図式的には二つの大きな流れに分けることができる。ひとつは、改革主義的な男女平等志向のフェミニズムで、それは女性の権利のための社会運動の流れを汲み、国際主義的で、政治的スペクトルの範囲も広い。もうひとつは、ラディカル・フェミニズムで、それは女性解放を目指す運動として、深く刷新された分析と行動の手段を用いて自己を主張し、一九九〇年代のクィア理論やポストコロニアル理論へとつながっていく。二つの潮流は時期的に重なり合いながら発展し、それ自体も内部で分裂を抱えていた。また、法律に明記されるべき権利に関する合意の有無や、国内政治および国際政治の左右の盤面によって、互いに対立することもあれば、一致協力することもあった。

I　改革派フェミニズムの連続性

1　職業的・市民的・政治的平等の優先

男女平等を法律に明記することは、一九四五年以降に活動を再開した多くの集団にとって優先事項であり続けた(1)。一九三九年以前とは対照的に、そうした集団は政治的には自由主義に近いこともあった。自由主義の支持者たちは、形式的な平等に対して以前ほど敵意を持つことはなくなりつつあったが、依然として伝統的な女性像に愛着を示していた。他方では、左派の社会主義や共産主義の政党や組合との結びつきを強め、とりわけ職業上の平等に関心を持つ団体もあった。どちらの場合であっても、自立したフェミニストまたは組織で活動するフェミニストは、自分たちの陣営を説得しなければならず、厳しい抵抗に遭遇した。

職業的な平等は、女性の自立を高めるための要《かなめ》であり続けたが、制度や経済の関係者にとっては、家庭の稼ぎ頭は夫であるという一般的モデルが強く、女性を保護するというアプローチが主流であったため、受け入れられにくかった。しかしながら、賃金の平等（依然として差は大きかった）や、より高い地位に就くことのできる職業選択の機会への要求が高まってきた。こうしたなかで、労働の権利やより公平な労働条件を求める女性たち自身による行動は、自発的なものであれ、労働組合によって組織されたものであれ、フェミニストの異議申し立てにおいて重要な役割を果たした。一九六六年にベルギーのエルスタルで起きたストライキは、欧州共同体設立に関する一九五七年のローマ条約の名において、初めて賃金の平等を優先課題として打ち出した。

女性の選挙権と被選挙権を求める闘いは、まだ実現していなかった地域で再開された。それは政治的再生過程の一環として位置づけられた。日本では新憲法制定の際に、イスラエルでは一九四八年の建国の際に、アルゼンチンではファン・ペロン〔一八九五〜一九七四〕将軍の当選後に、大きな進展が見られた。脱植民地化に女性たちが関与した例としては、インドや一九四九年の中国を挙げることができる。エジプトでは、女性参政権論者の活動家のなかでもドリア・シャフィーク〔一九〇八〜一九七五〕が傑出しており、一九五一年に女性の行進と国会前の座り込みを組織し、その後ハンガーストライキに突入した。ガマル・アブドゥル・ナセル〔一九一八〜一九七〇〕将軍が政権を握ると（一九五六〜一九七〇年）、ついに女性の権利が認められたが（一九五六年に選挙権が与えられ、教育や労働市場へのアクセスが開かれ、ヴェールが廃止され、家族計画が認められた）、反対運動やフェミニスト団体に対する厳しい弾圧は続いた。一九五〇年代には、ブルギバ〔一九〇三〜二〇〇〇〕のチュニジアが、

（1）Smith, 2000.

イスラーム世界において例外的な平等推進政策を実施し、政治的権利だけでなく属人法規の面でも、一夫多妻制の禁止、離婚の許可、家族内での平等（ただし遺産相続の問題は除く）などが進んだ。しかし、トルコと同様に、法的な達成や雇用機会の拡大など重要な進展があったにもかかわらず、妻は依然として夫の権威に服したままだった。上からの習俗の改革は、保守的な宗教指導者からも批判され、女性解放に対する強い抵抗と恐怖とに直面した。女性団体の役割は、一党独裁体制と蔓延する家族主義および道徳主義によって制限されていた(2)。

ラテンアメリカにおいて、女性に政治的権利を認めるのが最も遅かった国は一九五五年のペルーである。だが、他の国々で女性の権利が十分に守られていたわけではない。とりわけアルゼンチンとブラジルの独裁政権は、あらゆるフェミニズムの表現を弾圧した。

共産主義圏では、ベルリンの壁が崩壊するまで、ある種の政治的平等が掲げられていた。それは民主的な自由をともなうものではなかったが、そのような限界にもかかわらず、女性の生活にとって重要な意味を持っていた。このことは、一九八九年以降の東欧における女性の権利の後退、とりわけ中絶の権利や家事労働の共同負担に関する変化と比較すると明らかである。実際、冷戦終結後、共産主義の否定は強力な反フェミニズム運動を助長し、国連やヨーロッパによる平等主義に基づく提案を拒否する動きにつながった。

フランスでは、「フランス全国女性評議会」や「女性の権利のためのフランス同盟」など数多くの団体が活動を再開し、社会主義フェミニストのイヴェット・ルーディ〔一九二九〜 〕らが「女性民主運動」を設立した。一九四六年憲法に男女平等が明記されると、今度はそれを労働や市民権および親権の平等に適用することが課題となった。

避妊をめぐるキャンペーンでは、共産党の反対にもかかわらず、レジスタンス出身の若い世代がエネルギーを注ぎ込んだ。婦人科医マリー＝アンドレ・ラグルア・ヴェイユ＝アレ〔一九一六〜一九九四〕と、アルジェリア戦争に反対した活動家の社会学者エヴリーヌ・スュルロ〔一九二四〜二〇一七〕は、一九五六年に「幸福な出産」を創設し、これが一九六〇年には「フランス家族計画運動（ＭＦＰＦ）」となり、マーガレット・サンガーを中心に作られた国際的なネットワークとも連携した。また、一九四六年に創設された「若い女性」運動に参加したプロテスタント女性たちや、ライシテ陣営のネットワークの支援を受けて、ＭＦＰＦは全国的な基盤を築いた。そして、一九六七年の避妊に関するヌヴィルト法（一九七四年の法律で補完された）の成立において決定的な役割を果たした。(3)

市民的平等の推進にも、新たな支持者が現われた。なかでも法学者ジャン・カルボニエ〔一九〇八〜

(2) Daoud, 1993.
(3) Pavard, 2012 ; Pavard, Rochefort et Zancarini-Fournel, 2012

二〇〇三）は、既婚女性の財産に関する一九六五年の法律や、父権を親権に置き換えた一九七〇年の法律の制定に尽力し、一世紀以上の長きにわたる闘争を終わらせることに貢献した。協議離婚に関する一九七五年の法律も、この平等志向の改革主義の功績の一部に数えあげることができる。民法の制約と闘い、避妊の権利を獲得するという同様の改革主義的なフェミニズムの法的成功は、「北」の国々の大部分において見られた。

「南」の多くの国々におけるフェミニズムの課題は、国際機関や全国機関の制度的アクター、そして開発問題とより緊密に結びついていた。[4]「国際女性評議会」、「国際女性同盟」、「平和と自由のための女性国際連盟」、さらには共産主義に近い立場の「女性国際民主連盟」などの団体や各国のＮＧＯ団体が、国連におけるフェミニズムの活動に注意を向けるようになった。

2　制度の担い手

男女平等を目指す運動は、すでに一九四五年の時点で、新しく設立される国際連合の準備過程において最初の重要な実践の場を見出していた。[5]女性の権利は人権のなかに明記されなければならない（「人間」は「男」だけではない）と考えたフェミニストの代表は――数は少なかったが、そのなかにはブラジルのベルタ・ルッツがいた――サンフランシスコで採択された憲章に男女平等を明記させるために闘った。女性たちのなかでもフェミニストの数は少なかったが――そもそも会議では女性の数は非常に少なく、あてがわれたのは社会問題に限定されていた——一九四八年の世界人権宣言に、人種と並んで性別の基準を盛り込むことに成功した。さらに、人権委員会の設置で十分と考えていた英米の代表団が躊躇するなか、インド代表で「全インド女性会議」会長のハンサ・メフタ（一八九七〜一九九五）の提言により、女性の地位に関する小委員会が設置された。この機関は、NGOと緊密に連携して、加盟国の投票による条約——政治的権利（一九五二年）、既婚女性の国籍（一九五七年）、市民的権利とりわけ結婚（一九六二年）に関する条約——策定のもとになった。委員会は、女性の割礼や教育の問題についても検討した。社会主義諸国代表の要請により、委員会は一九七五年を「国際女性年」とする決議を採択し、次いで「国連女性のための十年——平等・開発・平和」（一九七六年〜一九八五年）を主導した。さらに、メキシコ（一九七五年）、コペンハーゲン（一九八〇年）、ナイロビ（一九八五年）、北京（一九九五年）の世界会議を開催した。委員会のイニシアティヴは、フェミニストNGOや女性団体のフォーラムをも生み出し、そうしたフォーラムは世界会議と並行して開催された。一九七五年にメキシコシティで開催されたNGOの会議には、一三三カ国が参加し、六〇〇〇人以上の活動家が集まった。ボリビアの先住民ドミティーラ・バリオス・デ・チュンガラ（一九三七〜

（4）*Cahiers genre et développement*, 2010.
（5）Sluga, in Haan, 2013.

二〇一二）は、鉱山労働者の妻たちの組織を代表して、貧しい女性たちを擁護し、ボリビアの独裁政権を糾弾して国際的な注目を集めた。

さまざまな意見や立場の違いにもかかわらず、[6] 国境を越えた交流が強化された。ナイロビでは何千人もの女性たちが集まり、アフリカの女性グループによる行動を後押しした。冷戦と植民地主義による深刻な緊張にもかかわらず、国連が主導したフェミニズムは、女性の権利の問題を国際的な舞台に乗せるうえで重要な役割を果たした。それは法律や政治の世界のみならず、フェミニズム運動そのものにも影響を与えた。この制度化は、一九六〇年代末以降に登場したラディカル・フェミニズムとも緊張関係を結ぶことになる。ラディカル・フェミニズムは政治的カウンターカルチャーを提唱し、改革派フェミニズムに反発したからである。一九七五年の「国際女性年」は、ポスト・フランコ期のスペイン、ポルトガル、ギリシア、イラン、[7] サハラ以南アフリカなどにおける多くの社会運動を刺激し、世界規模でダイナミックな効果をもたらしたと言える。一九七九年には「女性差別撤廃条約」（CEDAW）が採択され、各加盟国に批准が提案された（ただし各加盟国は留保することも可能）。一九九三年には「女性に対する暴力の撤廃に関する宣言」が採択された。二〇〇三年には、モロッコのフェミニストたちがCEDAWを前面に掲げて、より平等な家族法の制定を求めた。国連によるジェンダー問題への取り組みは、しかしながら二〇〇〇年代以降、ポピュリズム運動や宗教右派の標的となっている。

二十世紀後半における女性の権利のための闘いの制度化は、他の形態でも見られた。それらはまずいくつかの国において国内の機関として誕生し、その後ヨーロッパ規模で制度化されることになった。米国では一九六一年十二月、ケネディ大統領がエレノア・ルーズベルト〔一八八四～一九六二〕を委員長とする女性の地位委員会を設置した。この委員会は、男女同一賃金、育児支援、産休・育休の必要性を強調した。そして、この委員会の主導によって、アメリカ各州に委員会が設けられた。このネットワークが「全米女性機構」（NOW）の基盤を築いた。同機構は、伝統的な左派に近いことで知られており、ベティ・フリーダン〔一九二一～二〇〇六〕が共同設立者の一人になっている。NOWは、男女平等憲法修正条項と女性の雇用促進に焦点を当てた。フォード財団、黒人女性協会、アメリカ自由人権協会などもこの活動を支援した。(8)

フランスでは、ヴァレリー・ジスカール・デスタン〔一九二六～二〇二〇〕大統領時代の一九七四年に、初めて女性の地位に関する閣外大臣職が設けられ、ジャーナリストのフランソワーズ・ジルー〔一九一六～二〇〇三〕が任命された。しかしながら、彼女が提案した一〇一の施策を実施するための

（6）Fuentes, 2008 ; Olcott, 2017.
（7）Kian-Thiebaud, in Gubin *et alii*, 2004.
（8）Baxandall et Gordon, 2000 ; Hartmann, 1998.

十分な手段と政治的支援がなかったため、短期間で辞任した[9]。

多くの国々で、制度的フェミニズムは、男女の条件や地位、平等の見地からの是正や相補性といった枠組みのなかで発想しており、男性支配、女性らしさの規範、ジェンダーやセクシュアリティに対する制約を根本的に問い直すことはほとんどなかった。このようなアプローチは法的枠組みにおいては一定の有効性があったと言えるかもしれないが、一九六〇年代に女性解放という急進的な展望を抱いて活動をはじめた新しい世代の要求に応えることはできなかった。

II　フェミニズム運動のラディカルな刷新（一九六〇年〜一九八〇年）

1　女性解放運動（一九六〇年〜一九七〇年）

女性解放運動の出現は、その動員力の規模によって、さらに広く言えばジェンダー関係の変革に与えた持続的な影響の深さによって、フェミニズムの歴史を大きく揺り動かした。女性解放運動は革命の政治理論や精神分析理論の批判的アプローチを通じて、男女平等と女性の解放の意味を根本的に刷新した。この運動は無から生じたわけではない。というのも、それは先行世代による理論的・政治的・戦術的な選択に対する反発から生じているからであり、運動はアメリカ、ヨーロッパ、日本、北アフリカ、ラテンアメリカで展開された。

女性解放運動は多様である。それらは革命的で、ユートピア志向で、挑発的である点において、際立った特徴を備えており、一九六〇年代のカウンターカルチャー、アメリカの黒人による公民権闘争、ベトナム反戦運動、新左翼《ニューレフト》、学生たちの反乱、毛沢東主義やトロツキズムといった極左思想、ゲイ・レズビアン運動、ラテンアメリカの社会的正義を求める運動、アジアやアフリカの民族解放運動などに由来している(10)。

これらの反逆的な新世代の女性たちの多くは、高等教育の民主化の始まりと女性雇用の増加という恩恵を受けていて、自分たちの経験を分かち合う必要があると考えていた。彼女たちは、依然として謙遜や慎み深さと結びついた女性らしさという支配的な規範に息苦しさを感じる一方、運動の場に身を置けば、自分たちは不当に扱われているとも感じていた。活動家たちは女性を周辺に追いやり、性的解放という新しい使命の名のもとに、女性をもののように客体化して扱うことが、あまりに多かったからである。「ブルジョワ」とレッテルを貼られた彼女たちの不満を共有することは必要であると考えられた。それは女性の意識を高める政治的な手段となった。抑圧的な思考の枠組みから脱却する

（9）Revillard, 2016.
（10）Threlfall, 1996 ; Fougeyrollas-Schwebel, 1997 ; Bard, 2012 ; Bard et Chaperon, 2017 ; Schulz, 2017.

ために、合衆国では一九六七年以降、そして一九七〇年代になると他の多くの国々において、女性限定の意識向上グループが組織され、とりわけセクシュアリティとアイデンティティの追求に関する親密な発言が自由にできるようになった。このような集団から出てくる発言は、専門家の言説とは異なるもので、女性が女性自身について新たな知識を引き出すことが目指された。彼女たちの生きられた経験は、抑圧と支配の観点から分析され、女性がそれぞれ孤立から抜け出す道を開いた。このような女性問題の政治化自体は、すでに十九世紀のフェミニストたちが行なった多くの糾弾にも見られた特徴である。しかし、二十世紀後半の女性問題の政治化はその様態、社会を根底から変革しようとする革命的な野心、そしてそれまでタブーとされてきた新しいテーマを批判的に取りあげる能力において際立っていた。新しいテーマには、中絶、暴力やレイプ、セクシュアリティ、同性愛、身体に対する関係、クリトリスの快楽、カップル間の関係の居心地の悪さ、母性の両義性などが含まれていた。さらに、より一般的なフェミニズムのテーマも考慮されるようになった。日常的な性差別、家事労働の不均衡、女性蔑視《ミソジニー》、女性や女性的なものに対する否定的でステレオタイプな表象の重み、とりわけ職場におけるさまざまな差別などである。「個人的なことは政治的である」あるいは「私的なことは政治的である」(11)というスローガンが、この意識化の新しさをとてもよく表わしている。こうして、「私たち女性は……」という姉妹愛《ソロリテ》の理念の新しい表現方法が生まれた。性的な側面は、自由度の低い国や宗教色の強い国では目立たないものの、政治に断絶をもたらし自立することが必要であるという考えが多くのイニシアティヴの根底にある。一九七〇年代末のチュニジアのタハール・クラブのニュースレターには、「私たち自身による私たち」というタイトルが付けられていた。女性たちに共通する運命が、人道主義的《ユマニスム》で普遍主義的な理想のもとで、階級、人種、宗教、文化の違いを超越して、国境を越えて広がってゆくと期待されていた。しかし、この理念は間もなく批判の対象となった。

この新しいラディカル・フェミニズムが、実践《プラクシス》として、また個人的および集団的な批評の可能性を持つものとして成功を収めたことは、一九六〇年代から七〇年代にかけての女性たちが、沈黙を破り、女性自身についての既成概念を揺るがすことを強く求めていたことを示している。フェミニズムへの関与《アンガージュマン》は、新たなジェンダー・アイデンティティの経験を可能にし、女性の個性化や自己実現を妨げていた障壁を取り払うことを可能にした。さらに、家父長的イデオロギーによってその正当性を否定されていた女性同士（「姉妹《シスター》」同士）の政治的・感情的なつながりを築くことをも可能にした。これらの社会運動は、伝統的な政治形態と袂を分かち、（男性が参加したこともあるとはいえ）「女性運動」として自分自身を定義し、新しい集合的アイデンティティを通じて、活動家サークルの枠を大いにはみ出して、新しい主体性を立ち上げることに貢献した。多数の小さな集団が、私的な場所や職

（11）Zancarini-Fournel, in Gubin *et alii*, 2004.

場で組織された。それらは、近親性、政治的所属、性的指向、宗教、エスニシティ、肌の色（ブラック・フェミニズム、プエルトリコ・フェミニズム、チカーノ・フェミニズム、先住民フェミニズム）などに応じて多様である。集権的な統制力は不在だが、それにもかかわらず、集合的ダイナミズムが作り出された。活動家の女性たちは、それを自分たちの力によるものと主張するとともに、彼女たちの運動やサークルにおいてそれぞれに活力を与えている。言論の循環は、多くの新聞や雑誌のなかにも見られた。そうした媒体は、思想や情報を広める手段であると同時に、異議申し立てと脱構築の集合的アプローチの拠点であり、それを体現する場所でもあった。

2 新しい概念的道具と理論的対立

『第二の性』（一九四九年）は、過去および現在の女らしさの神話に対するフェミニズム批評に多大な影響を与えた重要な著作のひとつである。女らしさの神話とは、男性中心主義的な見方によって女性が永遠の他者とされ、鏡の役割を割り当てられていることを指す。シモーヌ・ド・ボーヴォワール〔一九〇八〜一九八六〕は、政治理論や精神分析理論を批判的に検討しながら、セクシュアリティに関する考察をした先駆者として知られる。一九六三年にはベティ・フリーダンが『女らしさの神話』〔邦題は『新しい女性の創造』（三浦冨美子訳、大和書房、一九六五年）〕においてボーヴォワールの跡を継ぎ、中流階級の女性たちの「定義できない居心地の悪さ」を調査した。彼女たちは一九二〇年以降に大学教育を受け、市民権を持っていたにもかかわらず、無為で無力な母や妻として、また近代的家族の消費者としての役割に息苦しさを感じていた。彼女たちは、フェルディナンド・ランドバーグ〔一九〇二〜一九九五〕とマリニア・F・ファーナム〔一八九九〜一九七九〕が一九四七年に出版した本『現代女性・失われた性』のなかで唱えた保守的で反フェミニズム的な理論に囚われていたのである。ランドバーグとファーナムはフロイトの概念を通俗化し、女性を従属的な役割に位置づけることで社会の規範を強化していた。

一九六〇年代には、一部の活動家たちがフェミニズム思想を急進化させ、より政治的な観点から制度やイデオロギーに疑問を投げかけた。ケイト・ミレット〔一九三四〜二〇一七〕は『性の政治学』において、家父長制が政治的制度として大きな力を持ち、性的関係や「性」というカテゴリーの意味にまで浸透していると論じた。ミレットは、アメリカの心理学者で性科学者のジョン・マネー〔一九二一〜二〇〇六〕と精神医学者のロバート・ストラー〔一九二四〜一九九一〕によるトランス・アイデンティティや性とジェンダーの区別に関する研究から影響を受けて、価値体系の観点から生物学にアプローチした。シュラミス・ファイアストーン〔一九四五〜二〇一二〕とジャーメイン・グリア〔一九三九〜　〕もまた、「生物学的専制」やステレオタイプ、女らしさに関する誤った理論を批判した。彼女たちは、プロレタリア革命によって階級が消滅するとされていたのに倣って、女性の闘争によって消滅する運命にある性別の階級を分析した。フランスでは、唯物論的フェミニスト、とりわけ社会学者のクリスティーヌ・デルフィ〔一九四一～〕が、すでに「女性的なもの・男性的なもの・未来」（ＦＭＡ）――ほどなくして「フェミニズム・マルクス主義・行動」（ＦＭＡ）と改名する――というグループでの活動に取り組んでいたが、マルクス主義の視点から女性階級が受ける生殖と無償の家事労働による搾取の問題を理論化した。デルフィは、家父長制は付随的な矛盾ではなく、「主要な敵」であると分析した。こうした新しい世代は、女性の権利を求める運動とは一線を画していた。アメリカでは「第二波」、フランスではむしろ「元年」と呼ばれた。「フェミニズム」という呼称は、古めかしい婦人参政権運動《サフラジズム》を連想させるとして、採用をためらう時期もあったが、結局はこの言葉が定着した。

男性支配に起因するさまざまな形式の抑圧や疎外は、押し並べて批判の対象となった。それらは書籍を通じて暴露され、国際的成功を収めた。イタリアのエレナ・ジャニーニ・ベロッティ〔一九二九～二〇二二〕による教育に関する『女子の側から』、アメリカのスーザン・ブラウンミラー〔一九三五～〕によるレイプに関する本、イギリスのエリン・ピゼイ〔一九三九～〕による配偶者からの暴力《ドメスティック・ヴァイオレンス》に関する本、ジュリエット・ミッチェル〔一九四〇～〕による精神分析に関する本などが代表的なものである。これらの著作は、当時はほとんど知られていなかった社会学的および心理学的な現実について洞察を与え、広く普及した。これらの著作は、職場や広告など、公的および私的領域における、あらゆる形態の性差別や女性搾取について扱っている。男性目線の永遠の女性像に対する応答としては、ひとつには、女性の歴史を探求することであり、より一般的には、女性を公然と無視してきたあらゆる学問的知識や芸術的規範に疑問を投げかけることである。反性差別主義《アンチセクシズム》は、フェミニストの分析と行動の主要な鍵である。男性にもこの考えに共感する者たちがいた。ブラジルの独裁政権に対して闘ったフェルナンド・ガベイラ〔一九四一～　〕は、マチズモを告発したことで知られている。[12]

脱構築が必要であることについては一定の合意が見られたが、差異の概念をめぐっては理論的提案に大きな対立があった。「普遍主義者」や唯物論的フェミニズムにとっては、差異は家父長制的なカテゴリーであって、階層と不平等を生み出すものと見なされた。シモーヌ・ド・ボーヴォワールの分析もこれに近く、彼女自身この潮流と手を結んで、雑誌『レ・タン・モデルヌ』にコラムを設けて「日常的性差別」に反対した。これに対し、「差異主義者」にとっては、差異は再所有化と転覆の不可欠な場である。彼女たちは、女性の身体性、感情、そして男根主義的な重みを取り除いた精神分析理論に基づく道具を用いて、女性の女性らしさを再発明することを提案した。

フランスにおける差異主義あるいは本質主義的な潮流は、精神分析家アントワネット・フーク（一九三六～二〇一四）によって創設された「精神分析と政治」（プシケポ）グループによって体現された。それはリュス・イリガライ〔一九三〇～　〕の著作、とりわけ『他なる女性の検視鏡』に触発され

(12) Scheibe Wolf, in Rochefort et Viennot, 2013.

ており、イリガライはこの本でラカン派の精神分析に潜む偏見を批判的に解体した。エレーヌ・シクスー〔一九三七〜 〕――エクリチュール・フェミニンを擁護する作家にして学者であり、哲学者ジャック・デリダに近い――も、こうした感覚を持つ潮流の中心的人物である。こうした反ボーヴォワール的な潮流は、「フェミニズム」という言葉は男根中心主義《ファロサントリック》的な発想に基づいていると拒否している。代わりに「フェミニチュード」という言葉を提唱し、無意識やエクリチュールや想像力の探求を通して男性的秩序の支配から女性的なものを解放するよう促している。そこでは、ラカン〔一九〇一〜一九八一〕や文学および言語学のアプローチに支えられたポストモダン社会の読解が展開されている。メセナ活動による支援を受け、グループは出版社を設立し、パリ、リヨン、マルセイユに三つの書店を構え、世界中の女性による多くの作品を世に知らしめた。こうした成功にもかかわらず、このグループはセクト的な傾向を強めて孤立し、一九七九年にはMLFの商標を正式に登録し、自分たちこそが唯一の創設者であると主張するまでになった。この潮流の理論的提案は、アメリカの女性知識人たちから非常に高く評価され、フレンチ・セオリーと同一視されてフレンチ・フェミニズムと呼ばれたが、フランスでは多数派ではなかった。

　アメリカでは、性の差異に関する議論は、精神分析家ナンシー・チョドロウ〔一九四四〜 〕の成功や、哲学者キャロル・ギリガン〔一九三七〜 〕のケアに関する研究によって大きく発展した。これらの研究は、より平等主義的な視点から再解釈されている。イタリアでは、女性のアイデンティティに注目するこのアプローチは、哲学者ルイザ・ムラーロ〔一九四〇～　〕によって大きな成功を収め、政治的な潮流にも影響を与えている。

世界的に有名な哲学者たちも、差異主義とは別の仕方で、差異について考察している。オランダではロージ・ブライドッティ〔一九五四～　〕が、差異を否定的な負荷から解放すべきであると主張している。フランソワーズ・コラン〔一九二八～二〇一二〕は、一九七三年にベルギーでフランス語圏初となるフェミニズムの雑誌『グリフ手帖』を創刊し、フェミニズムを象徴的なものにも想像力にも関係のある実践であると分析し、各人の個別性の自由と肯定へと導こうとした(13)。

世界のフェミニズムの多数派は、女性像や母性、また後天的なものであれ生得的とされるものであれ、女性が持つとされる能力への愛着を共有している。それらが喚起されるのは、女性蔑視《ミソジニー》や公的・政治的領域からの女性の排除を拒絶するときである。

これらの理論的潮流は、しばしば互いに相容れないものだが、それにもかかわらず、これまでと異なるもうひとつの政治との関係を打ち立てようと自律的で独立した女性運動を構築する意志を持っている点では共通している。そうしたなかで、左翼や極左のイデオロギーや闘争のプロジェクトに執着

(13) Rochefort et Zancarini-Fournel, in Fougeyrollas-Schwebel et Rochefort, 2015 ; Lamoureux, 2010.

し続ける集団の数は多い。フランスの「階級闘争」や、各国における「社会主義的フェミニズム」の潮流は、フェミニズムとマルクス主義と反資本主義を結びつけている。また、フェミニズムの成功は、政党や組合に活動的な「女性」部門の設立を促した。とはいえ、それらは運動の停滞期には存続が難しくなる場合もあった。

3 分離主義の誘惑――レズビアンとブラック・フェミニズム

一九七〇年代の西洋のラディカル・フェミニズムにおいて、フェミニズムとレズビアニズムの関係は非常に密接であった。[14] 多くのレズビアンがこの運動に参加し、独自の意見を表明した。彼女たちは、同性愛を病気扱いしてレズビアニズムを不可視の地位に追いやる性的規範を打破することに貢献した。フランスでは、フランソワーズ・ドボンヌ（一九二〇～二〇〇五）のように一九七一年に「同性愛革命行動戦線」（ＦＨＡＲ）の創設に参加した女性たちは、ゲイが主導権を握るようになった男女混合の運動から距離を置き、ＭＬＦに接近した。しかし、アメリカと同様に、フェミニズム運動のなかで独自のアプローチを明確化するよう急速に迫られ、分裂に至ることもあった。アメリカでは一九七三年にジル・ジョンストン（一九二九～二〇一〇）が、異性愛普遍主義を批判し、レズビアニズムの政治的射程が否定されている状況に反対して、分離主義を主張した。この批判は、「女性」というカテゴリーとの結びつきを完全に否定するに至ることもあった。たとえば、フランスの作家モニック・ウィティッグ（一九三五～二〇〇三）は、「レズビアンは女性ではない」と主張した。ウィティッグによれば、異性愛規範が女性と男性のカテゴリーを規定しているからである。一方、アメリカの詩人アドリエンヌ・リッチ（一九二九～二〇一二）は『レズビアン連続体』という概念を提唱し、男性支配の異性愛規範のために女性もレズビアンも同じく性的抑圧を受けている点を強調した。このような分断は続き、アメリカで生まれたゲイとレズビアンの運動は（これにバイセクシュアル、トランスセクシュアル、インターセックス、そして後にはクィアも加わった）、必ずしもフェミニズムとの明確なつながりを持つことなく、並行して発展してきた。それでも、レズビアンの活動家たちはフェミニズム運動のなかで非常に活発であり、ＬＧＢＴの要求をますます明示的に取り入れていく流れを作り出した。その例として、一九九〇年代のナミビア――国家は公式に同性愛嫌悪の立場を取っていた――におけるる『シスター・ナミビア』という新聞や、ラテンアメリカにおけるチカーノ・レズビアン・グループを挙げることができる[15]。

もうひとつの内部分裂の大きなテーマは人種主義である。アメリカ黒人運動と密接な関係にあるア

(14) Chetcutti et Michard, 2003.
(15) Karius, 2016 ; Falquet, 2011.

メリカやイギリスのブラック・フェミニズムは、女性解放運動における特有の状況の不可視化と否定を糾弾している(16)。この潮流のおもな要求は、性差別《セクシズム》と人種差別《レイシズム》を対立するものではなく絡み合ったものとしてとらえ、その理論的・実践的帰結を歴史的にも現代においても把握すべきというものである。フェミニストの多数派は、奴隷制度や人種隔離の歴史、黒人女性が受けてきた暴力や表象の軽重を考慮に入れていないと批判されている。たとえば、黒人男性が白人女性をレイプしたとなれば、それが冤罪だったとしても、数々のリンチが正当化されるのに対し、黒人女性は性の道具となることに慣れているとされ、レイプした男性側が罰を受けずに済むことがある。ブラック・フェミニズムは、女性たちの生きられた経験と、黒人運動や宗教的環境から離れたくないという意志に基づいている。詩人オードリー・ロード〔一九三四〜一九九二〕の場合は、ブラック・レズビアンとして自己主張する意志を明確に表明した。このように黒人としての集合的アイデンティティに基づくアプローチは、レズビアン・グループにおいてそうであったのと同じように、フェミニズムと同盟関係を結ぶか、それとも拒絶するかという問題を提起する。ベル・フックス〔一九五二〜二〇二一〕は、『私は女ではないのか』〔一九八一年〕のなかで、フェミニズム運動における人種主義を鋭く批判したが、それでもフェミニズムの目的から離れることはなかった。こうした社会運動の勢いのなかで、アメリカの社会学者パトリシア・ヒル・コリンズ〔一九四八〜 〕によって提唱され、キンバリー・クレンショー〔一九五九〜 〕によって法的観点から洗練されたインターセクショナリティという概念は、さまざまな類型の支配の相互依然関係を指し示すものとして、人文科学全体に広まった。国際的に有名なアンジェラ・デイヴィス〔一九四四〜〕は、黒人女性の闘いにおける主要人物となった。詩人のグロリア・エヴァンジェリーナ・アンザルデュア（一九四二〜二〇〇四）のようなチカーナ・フェミニストやラテンアメリカの女性たちは、より包摂的な「有色のフェミニスト」という呼称を提唱した。アメリカ大陸の先住民運動に関わっている先住民や原住民の女性たちも、彼女たちに特有のフェミニズムの要求を訴えている。フランスでは、一九七六年に「黒人女性連合」が誕生し、フェミニズム、反人種主義、そして帝国主義および植民地主義との闘争を結びつけようとした。そのメンバーの一人だったパリ在住のセネガル人学生アワ・チャム〔一九五〇〜〕は、『言葉をニグロの女たちに』（一九七八年）を著わし、性器切除の問題、そしてより一般的にアフリカ人女性が直面している困難についての認識を高めた。ヨーロッパおよび世界におけるさまざまなブラック・フェミニズムの運動は、一九九一年にドイツで開催された第五回異文化間黒人女性研究会にて一堂に会した。

サハラ以南アフリカでは、一九五〇年代からさまざまなフェミニズムが女性の社会的・経済的権利を守るために女性団体を組織してきた。この地域のフェミニズムは、国連や国際女性運動と連携した

（16）Dorlin, 2008.

女性NGOのなかで、母性的な感性を通して表現されることが多い。そのおもな目標は、教育、健康、市民的・政治的平等の実現であり、貧困や暴力に対する闘いであって、これらはポストコロニアルな状況での国家建設という政治的・宗教的枠組みのなかで展開されてきた。その状況は国によってさまざまで、いくつかの分断線があり、活動家のなかには自分のことをフェミニストと規定することに消極的な者もいる。[17] ブラック・フェミニズムやレズビアンのグループは、ラディカル・フェミニズムについては、西洋の女性の影響を強く受けすぎてあまりに反男性的であると見て強く反発している。その一方で、ジェンダー分析を用いて同性愛を擁護する非常に若い世代に対しては、しばしば親近感を抱いている。南アフリカでは、レズビアンを矯正すると称するレイプの実態があるが、これは厳しく糾弾されている。アジアやラテンアメリカのフェミニストの場合と同様に、タブー視されるテーマについて声を上げたり、急進的な理論的枠組みにおいて女性の声を発信したりすると、あらゆる種類の反フェミニストから、西洋かぶれ、闘争に分断をもたらす、不道徳といった非難の集中砲火を浴びるおそれがある。セネガルで一九八四年に設立されたグループはウォロフ語で「イエウ・イエウイ」(「目覚め、解放された」)という名前で、機関誌『フィップ』(『反逆する』)を発行しているが、これはフェミニズムのテーマが個別具体的であるとともに国境を越えて広がり根づいていることを示している。[18] しかしながら、経済的、宗教的、政治的な分断が深刻で、さまざまな紛争があるために、フェミニズムのテーマが教養のある都市部以外で受容されることは難しい。[19]

このようにさまざまな傾向を区別することは、明確に定義されたグループや競合関係にあるグループを理解するためには有益だが、これらの運動が持つ集合的なダイナミズムを十分に説明するものではない。多くの活動家は、どれかひとつの特定の理論的な枠組みにすっきりと収まることはなく、さまざまな議論や動機を柔軟に取り入れている。アニー・ルクレール（一九四〇〜二〇〇六）の『女性の言葉』（一九七四年）がフランスで成功を収めたことは、タブーとされていた女性の身体的経験の価値化が、イデオロギー的な争点を超えてひとつの時代を揺り動かしたことを示している。この本は、女性のアイデンティティの探求と身体的・感情的に生きられた経験を通して、女らしさに価値を与え直す必要性に応えるものだった。同様に、過去および現在における創造力に富む女性や、英雄的な闘士みなぎる女性の姿が活動家たちによって掘り起こされ、新しい肯定的なアイデンティティを提供している。こうした運動は、さまざまな理論の違いだけで説明できるようなものではない。それは具体的な権利要求や行動、法改正のプロジェクトを中心に組織されている運動であって、最終的にはそれに政治勢力、労働組合、女性運動、そして世論の一部が加わってくるのである。

---

(17) Panata, 2020.
(18) Sow, in Locoh et Puech, 2008.
(19) *Cahiers genre et développement*, 2010.

4　フェミニズム運動のカウンターカルチャーと連合活動

グループ活動や新聞・雑誌、文学的な著作やエッセイによる実践に加え、急進的なフェミニストたちは、挑発的で人目を引くユーモラスな行動様式や、共同生活の経験を通じて政治の舞台を占拠した。スローガン、ポスター、グラフィティ、カリカチュア、イラスト、イメージの流用、歌や詩、闘争的な映画、さらには街頭での介入、ハプニング、芸術的・演劇的パフォーマンスなどが、フェミニストのカウンターカルチャーを形成した。[20] カフェ、本屋、集会所などが、女性たちの社交の場として機能した。

アメリカでは、女性の参政権五十周年を記念して開催された一九七〇年八月二十六日の「女性の大行進」が、この運動の最初の大きな成功であった。この動員に呼応してフランスでは同じ日に、十人ほどの活動家が凱旋門の下に集まり、「名もなき兵士よりも知られていないのはその妻である」という横断幕を掲げた。メディアはこの運動を「女性解放運動」（ＭＬＦ）と名づけた。活動家たちは、世論に訴えるために、いくつかの主要なメディアイベントを妨害した。アメリカの「ミス・アメリカ」のパレード（ただし、伝説とは異なり、彼女たちは自分のブラジャーを燃やしてはいない）、イギリスの「ミス・ワールド」のパレード、パリの『エル』誌のランキングなどがそれである。

それはまた、女性が生活のあらゆる分野で自立できるようにすることを目的としていた。彼女たちは、職場でも、家庭でも、カップルでも、学校でも、医療でも、制度的権力の障害に直面していた。

アメリカでは、ボストンのフェミニスト・グループが身体と医療に関する『からだ・私たち自身』という本を一九七三年に出版し、女性たちに自分の身体を発見し、それを自分のもとに取り戻し、自分自身を大切にするよう促した。この本は出版界で大成功を収め、アメリカで一〇〇万部以上を売り上げたのち、数カ国語に翻訳された（フランス語版の出版は一九七七年）（日本語版は『女のからだ――性と愛の真実』秋山洋子・山田美津子・桑原和代訳、合同出版、一九七四年（抄訳）および『からだ・私たち自身』藤枝澪子監修、河野美代子・荻野美穂校閲、松香堂、一九八八年）。健康というテーマは、リプロダクティブ・ライツを含むもので、「南」の国々における強制不妊手術の糾弾にも関係している。

最も象徴的で多くの人びとを結集させた行動は、中絶の権利と暴力の告発をめぐるものであった。中絶の問題は、一九五〇年代から一九六〇年代にかけて改革派フェミニストたちによってすでに取り組まれており、避妊が認められるとイギリスとオランダでは先駆的な法制化に行き着いていたが、他のほとんどの国では中絶が禁止され、何千人もの女性が違法な中絶を強いられ、命を危険にさらしていた。抵抗、とりわけ宗教的抵抗は強く、世論と立法機関を動かすにはラディカル・フェミニズムの結集が不可欠であった。請願や大規模なデモは、女性たちを中絶ができる場所（たとえば、ヨーロッ

(20) Pavard et Zancarini-Fournel, 2013.

パの女性にとっては、イギリスやオランダ）に送り出す具体的な行動と結びついていた。アメリカでは、大規模な動員の結果、一九七三年に連邦最高裁が「ロー対ウェイド判決」を下し、中絶を憲法上の権利として認めた。ただし、非常に活動的な「プロライノ」派は、絶えずその適用を制限しようとし、ときには「成功」を収めてきた。フランスでは、一九七一年四月に「中絶を経験した三四三人の女性たちのマニフェスト」が発表され、多くの著名人が署名し、中絶の問題が広く社会的な注目を集めた〔四月五日付の『ヌーヴェル・オプセルヴァトゥール』誌に掲載。ボーヴォワール、ジャンヌ・モロー、カトリーヌ・ドヌーヴ、マルグリット・デュラス、ジゼル・アリミなど著名な女性文化人たちが非合法中絶手術の経験を告白して大きな社会的反響を呼んだ〕。一九七三年には、「中絶と避妊の自由のための運動」（ＭＬＡＣ）が設立され、活動家、医師、労働組合員が結集した。この運動は、避妊と中絶の権利を求めるさまざまな立場を超えた連携を示し、アメリカの心理学者ハーヴェイ・カルマン〔一九二四～二〇〇八〕が開発した新しい吸引中絶法を用いて非合法の中絶を組織化するというラディカルな選択を特徴としていた(21)。

フェミニストのなかには、束縛も強制的医療行為もない選択の自由を求めた者たちも一部にはいたが、多くはこの選択の自由を制度的に保障する法律の制定を求めて闘った。フランスでは、弁護士ジゼル・アリミが、中絶の罪に問われた少女とその母親の裁判を通じて世論に訴えた〔一九七二年のボビニー裁判。レイプによって妊娠させられた十六歳の少女が非合法の中絶に至った事件で、彼女と母親、医師が起訴された〕。アリミの呼びかけに応じた著名人たちは、中絶禁止の有害な影響を告発した。シモーヌ・ヴェイユ〔一九二七～二〇一七〕厚生大臣は、妥協の産物である法案を擁護し、それは一九七五年に五年間の試行期間を設ける形で採択された。(22) この法律には、医師が中絶の処置を拒否することを認める良心条項が含まれていたが、結局のところは、その実施に大きな支障はなかった。これに対してイタリアでは、良心条項を設けたことによって、一九七八年の法律の範囲が著しく制限されることになった。

さまざまな運動にまとまりをつけていたもうひとつの基本テーマはレイプと暴力に関するもので、このテーマを取り上げたグループはその重要性を強調した。この暴力は、従来過小評価されてきたが、男性支配に起因する社会的事実として解釈されるべきであって、通常の性的関係や単純な夫婦間の対立とは異なるとされた。したがって、政治的・法的な対策や支援、予防策を講じることが不可欠である。被害女性を支援し、法的助言を提供することを目的とする団体は、法律の改正を目指して活動した。フランスではジゼル・アリミが、一九七八年に若いベルギー人観光客女性二人がレイプされた事件の裁判において、中絶のときに用いたのと同じ方法を適用しようとした。すなわち、活動家とメディアの圧力および議会の活動により、一九八一年にはレイプをより具体的に定義し、司法制度を改善する法律が制定された。米国では、特に弁護士のキャサリン・マッキノン〔一九四六～　〕が、暴

(21) Zancarini-Fournel, 2003.
(22) Pavard, 2012 ; Pavard, Rochefort et Zancarini-Fournel, 2012.

力やセクハラの被害女性の擁護に積極的に取り組んだ。しかしながら、売春やポルノに対する彼女の非難がアメリカの宗教右派によるそれと似たものになってくると、大きな論争を引き起こした。彼女はまた、ユーゴスラビア戦争中のレイプを人道に対する罪として認めるよう働きかけた。戦時中のレイプの問題は、国際的なレベルにおいてフェミニストたちの関心を集めている。とりわけ第二次世界大戦中に日本軍によってレイプされた韓国人「慰安婦」の名誉回復は、新しい歴史認識の重要性を示している。(23)

一九七〇年代に糾弾された暴力のなかでも、女性性器切除の問題は、南北関係の難しさを浮き彫りにした。「女性の割礼」という曖昧な意味論の前では、「切除」という言葉を用いること自体がフェミニズムの挑戦である。これは男性の割礼に相当するものと主張することは、人類学的・象徴学的な議論を用いて慣習の実践を正当化する文化主義的な反応の一例である。だが、「北」のフェミニストが、植民地状況にあったフェミニストたちが何十年も前から行なってきたのと同じようにこれを非難すると、そうした議論の受容は困難になる。たとえば、独立を達成したケニアの初代大統領ジョモ・ケニヤッタ〔一八九三〜一九七八〕は一九六四年、陰核切除の禁止を反植民地主義の名において拒否した。しかし、エジプトでは、精神科医で小説家、そしてフェミニズムでも重要な人物として知られるナワル・エル・サーダウィ〔一九三一〜二〇二一〕が、一九六九年の時点で、この広範な慣習が女性の性生活にもたらす悲惨な結果を告発していた。一九八〇年にコペンハーゲンで開催された国連会議では、アフリカのフェミニストたちが「北」の活動家によって押しつけられた実行予定表《アジェンダ》の受け入れを拒否した。この反感は五年後のナイロビ会議で取り除かれ、一九九五年の北京会議においてさらに関係が改善された。アフリカの関係諸国におけるフェミニスト指導者は、いかなる宗教的禁忌も性器切除を義務づけていないことを明確にし、女性の健康保護を正当な理由として公共政策と地域のイニシアティヴを促進することに成功した。再建手術が開発された一方で、この問題は依然として議題となっている。移民の文脈でもこの問題が浮上し、現在ではアジア諸国でも、フェミニストたちがこうした慣習を糾弾する活動を展開している。

III　フェミニズムの拡散と多様化（一九八〇年〜二〇二〇年）

一九八〇年代になると、ラディカル・フェミニズムは衰退の兆しを見せはじめた。それは、ラディカル・フェミニズムを支えてきた異議申し立ての政治文化の退潮と歩調を合わせている。中国の「天

（23）Bullock et Kano, 2018.

の半分」〔文化大革命期における「女性は天の半分を支える」という男女平等思想〕や権威主義的な社会主義が、女性を解放したとは、今でも信じるのは難しい。政治的・経済的・宗教的危機に抵抗するのも難しいし、植民地解放と開発政策によって裏切られた民主主義への希望に抵抗するのも難しい。一方、スペイン、ブラジル、チリ、アルゼンチンなどにおける独裁政権の崩壊は、新しいフェミニズムの社会運動に弾みをつけた。国際情勢は不穏な気配で、新自由主義のイデオロギーが勝利し、福祉国家は解体され、宗教右派とあらゆる宗教の原理主義による反フェミニズムが、男女平等の成果、とりわけ中絶の権利に反撃を仕掛けた。この動きはポスト冷戦時代の文脈においてさらに増幅されていく。[24] 闘争的な活動は退潮傾向にあるが、それでもフェミニズム研究や理論研究において、大学や省庁や国際機関などの組織レベルにおいて、宗教やエコロジーの分野のように新しい環境において、政治的な異議申し立ての運動やレズビアン運動において、そしてとりわけ大衆文化におけるより広いメディアによる拡散を通じて、多くの発展進化や刷新が見られることも事実である。

1　女性とジェンダーに関するフェミニズム研究

女性およびジェンダーに関する研究と教育が国際的な影響力を持つようになったのは、一九七〇年代の女性活動家たちが初めてオルタナティブな知識を得ようとしたことの直接的な結果であり、その分野でアメリカ合衆国が先駆的な役割を果たしたことが大きく影響している。フェミニズム研究は大学の研究者たちに引き継がれ、学者たちは困難を乗り越えながら自分たちの専門的な領域にこれらの問題を根づかせ、科学的な専門知識をもたらすことに成功した。すると、まさしくあらゆる学問分野で知的生産が発展を遂げ、あらゆる分野における男性支配の形態と動機、そしてそれが女性の生活に及ぼす影響について、さまざまな理論が唱えられた。

一九九〇年代末には、ジェンダーという概念が台頭して新たな視点をもたらし、「女性」を主題とすることによる方法論的差異主義がときとして招きかねないある種の行き詰まりからの脱却を可能にした。ジェンダー概念は、性差によるヒエラルキーに基づく力関係を生み出す社会のあり方を問いただすものである[25]。哲学者ジュディス・バトラー〔一九五六〜〕の『ジェンダー・トラブル』は、「ジェンダー」概念を先鋭化させて「性」をも包含するものとし、差異化（それ自身における差異ではなく）が差別を生み出すとして、そのプロセスが分析されている。レズビアンたちの異議申し立て運動に端を発したこのいわゆるクィア理論的アプローチ（クィアは侮辱的で同性愛嫌悪的な言葉だが、挑発の意味を込めてそのまま用いられている）は、それ自体複数の形を取るもので、トランスアイデンティティやトランスセクシュアリティの観点から、生物学をも含む形で、認識論的な考察を深化させてい

（24）Rochefort, 2010*b*.
（25）Thébaud, 2007.

る。アン・ファウスト＝スターリング〔一九四四〜　〕などの生物学者は、女性脳や同性愛の遺伝子などと言われて流布している理論を事例に、科学もまた規範的なジェンダー概念によって形成されていることを示した。一方、ダナ・ハラウェイ〔一九四四〜　〕は「サイボーグ宣言」を提唱し、男性的／女性的、自然／文化、機械的／有機的といった二項対立を否定し、大きな物語を再構築しようとしている。大学教育では、セクシュアリティ、男性性、文化的ステレオタイプ、トランスアイデンティティ、性と人種と階級の関連性などが扱われるようになった。湾岸戦争およびイラク戦争後、アルテルモンディアリスム〔アメリカ主導の新自由主義的なグローバリズムとは異なり、人権や社会的公正などの観点から、もうひとつのグローバリズムを目指す思想や運動〕や「有色の女性」の社会運動に関連するいくつかの研究は、ポストコロニアル的な観点から、人種主義や西洋帝国主義に対する強い異議申し立てを理論化している。それらは「第三世界の女性」や「ムスリムの女性」についての画一的で本質主義的な視点が、これらの支配的構造によって生み出されたものであると非難している。このような女性およびジェンダーに関する新しい知識やフェミニズム理論は、若い世代が闘争的活動にアプローチする際の道具として活用されるだけでなく、平等主義的な公共政策を策定するためにも欠かせないものとなっている。

2　平等の政治と男女同数《パリテ》

ジェンダーに関する学問的知識は、さまざまな差別とその仕組みを明らかにしてきた。そのおもなものとして、職場における「ガラスの天井」、教育における指導の欠如、政治の世界における性差別《セクシズム》、性と生殖に関する健康と権利（リプロダクティヴ・ヘルス／ライツ）についての情報不足、配偶者間暴力（ドメスティック・ヴァイオレンス）、レイプ、セクシュアル・ハラスメントなどがある。社会民主主義的でリベラルな国家は、次第にこれらの領域に介入し、ジェンダー不平等を是正しようと取り組んだ。そうした公共政策を担ったのは女性の権利のための機関で、それらは法的平等を唱えるフェミニズムの流れを直接的に汲む形で設置されたが、多くの団体の活動家たちもそれに参加した。実際、一九八〇年代には、急進的なフェミニストのかなりの部分が、批判や論争を放棄することなく、改革主義的な政策や法に訴える異議申し立てとの妥協に向かった。このような形で政治における男女同数《パリテ》の要求が出てきたのは、一九九二年のヨーロッパ女性会議においてのことであった。この要求は、フランスでは女性たちのあいだで意見の対立を招いたが（エリザベート・バダンテールのように、女性という属性の差異に基づく平等の要求は、フランスの普遍主義的な共和主義に反すると考える者もいた）、それでも運動は成功を収めた（二〇〇〇年にパリテ法として結実する）。この原則は、ツチ族虐殺後のルワンダの新憲法に適用され、また「アラブの春」後のチュニジアにも適用された。女性が政治的・経済的責任を担うことは、南北のフェミニストが共有することのできる優先的課題である。ジェンダーはまた、一般的な公共政策を形成し、より効果的に暴力と闘うための道具にもなっている。

「国家フェミニズム」の発展は、徐々に多くの国々に影響を及ぼすようになった。その例として、ケベック州や、フランコ〔一八九二～一九七五〕将軍亡きあとのスペインを挙げることができる。[26] ラテンアメリカでは、独裁政権から民主主義体制への移行過程においてフェミニズム運動が展開され、それはNGOや国の政策によっても支えられていた。女性活動家と公式の機構とが女性の権利を求めて接近することは、俗に「NGO化」と呼ばれる現象に相当する。その結果、国内外の公的資金を受けている集団内で、活動の専門化が進んだ。国際的には、特に欧州連合と国連が重要な財源を提供している。

一九九〇年代には、世界の主要機関があらゆる領域のあらゆる部門において「ジェンダー主流化」と呼ばれる平等統合政策を推進した。このようにしてジェンダーという用語は、特に大きな反対に出会うこともなく、行動原理として不可欠なものとなった。しかし逆説的にもその結果、有用な役割を果たしたにもかかわらず、ともすると批判的な視点が失われ、専門技術者による支配管理の道具に行き着いてしまった印象も否めない。そのような行動の影響をどう評価すべきかをめぐる議論がある。特にラテンアメリカにおいて、多くの急進的フェミニストグループは、NGOが国家や国連に依存していること、エスニック・マイノリティやセクシュアル・マイノリティが排除されていること、そしてその結果として脱政治化が進んでいることを批判している。[27] ヨーロッパでも、「フェモクラット」

（フェミニスト官僚）が批判の標的になっているが、それでもいくつかの研究は、制度的支援が被害女性やフェミニスト団体に少なからぬ状況改善をもたらしていることを示している。国連は「持続可能な開発のための二〇三〇アジェンダ」（SDGs）の目標達成に向けて、女性の権利を平和のための闘い、気候変動、貧困、「複数の交差する《インターセクショナルな》不平等」との闘いに結びつけることを提案している。

このように強力な制度的な動向と並行して、さまざまな潮流が新たな分野に広がっている。

3　宗教的フェミニズム

一九八〇年代以降、宗教の世界で次第にさまざまなフェミニズムが興隆してくる。従来、聖典を男女平等の観点から読むことは、宗教の階層的秩序を根本的に揺るがすものであったため、受け入れられてこなかった。『女性の聖書』（一八九五年）を書いたアメリカのエリザベス・キャディ・スタントンのように危険を冒した人物は、身内であるはずのフェミニストたちのあいだでさえ、スキャンダルを引き起こした。宗教的フェミニズムがより広い規模で展開するのは、一九七〇年代から一九八〇年代以降のことであり、まずはキリスト教徒やユダヤ教徒の女性たちのあいだで広がり、それから他の宗

（26）Revillard, 2016.
（27）Forstenzer, 2012 ; Falquet, 2011.

教にも波及した。女性の従属に固執する原理主義の台頭にもかかわらず、女性神学者や活動家たちは宗教的フェミニズムの推進に尽力した。宗教的フェミニズムは、女性学やジェンダー研究から着想を得てさまざまな女性像を模索し、聖典を読み直して男性中心主義や家父長制を取り除くことを目指している。そこでは神学や宗教法の代替的な解釈さらには大きな革新が、多かれ少なかれ急進的なやり方で提案されている。たとえば、正統派ユダヤ教では離婚の際に夫からの離縁状《ゲット》が必要とされているが、その交付を拒否する夫への対策や、シャリーアとハディースの多様な解釈などである。また、女性の聖職者就任や、慣習や儀式の変更、ウィッカ〔新異教主義の一派で、特に女神崇拝を特徴とする〕のような新しい異教の創設も検討されている。

プロテスタントやリベラルなユダヤ教では特筆すべき成果が見られる一方で、改革を押しとどめようとする抵抗は根強い。いくつかの国では、改革反対運動は同性愛の承認拒否と連動している。また、ライシテの立場に立つフェミニズムとの関連も必ずしも明確ではない。特にイスラーム・フェミニズムの台頭は、原理主義的潮流、イラン革命、イスラーム主義者によるテロ、また特にフランスにおけるイスラームのスカーフ着用をめぐる論争、あるいはイギリスやカナダにおける宗教法廷や多文化主義といった論争的な文脈のなかで、深い分裂を引き起こしている。このような対立は、個人の地位がしばしば著しく不平等であるイスラーム諸国では、ヨーロッパや北米のような問題の形を取らないこともある。また、平等という概念そのものをめぐってても意見が分かれており、男女は等しい価値を持つことを謳いながら、男女分離を擁護し、性的自由を敵視する宗教勢力も存在する。

4　エコロジカル・フェミニズム

フェミニズムの新たな潮流のひとつとして、エコフェミニズムを挙げることができる。エコロジー運動と女性解放運動はどちらも一九七〇年代に登場したが、〔当初〕両者が交わることはあまりなかった。フランソワーズ・ドボンヌが「エコフェミニズム」を唱えたのは一九七四年で、これはエコロジストのルネ・デュモン〔一九〇四～二〇〇一〕が大統領候補になった年でもある。ドボンヌはフランス国内よりも海外で反響を呼んだ。

一九八〇年以降、哲学、神秘主義、唯物論、反軍国主義などの観点からエコフェミニズムを主張するさまざまな潮流が生まれ、男性による自然支配および女性支配を批判しつつ、しばしば女性的なものの価値を強調した。アメリカのローズマリー・ラドフォード＝リューサー〔一九三六～二〇二二〕による『新しい女性、新しい地球』〔一九七五年〕やメアリー・デイリー〔一九二八～二〇一〇〕の『ガイン／エコロジー』〔一九七八年〕などはその代表例である。

エコフェミニズムは、とりわけ「南」の国々で大きな影響力を持っている。そうした国々では、環境保護は社会正義を求める経済闘争、アルテルモンディアリスム、植民地主義批判、先住民運動や有色人女性運動〔エコ・ウーマニズム〕の闘争と結びついている。インドの物理学者で哲学者のヴァンダナ・シヴァ〔一九五二〜　〕とドイツ人のマリア・ミース〔一九三一〜二〇二三〕は、家父長的な資本主義システムが農作物の種子を独占的に支配し、伝統的農業と生物多様性を破壊していると批判している。[28] これらの立場は、女性たちによる社会運動との連帯を確認するものである。例を挙げれば、一九七〇年代にヒマラヤの村で生まれた森林伐採に反対するチプコ運動、環境と開発のための女性組織、一九八一年から〔二〇〇〇年まで〕続いたイギリスのグリーナム・コモン基地における核ミサイル配備に反対する女性平和キャンプ、環境保護に取り組むアメリカ大陸の先住民《インディアン》女性たちの活動が、それに該当する。地球温暖化に対する闘いは、エコフェミニズムの意義を改めて世界規模で多くの人びとに知らしめている。

5　政治的フェミニズム

フェミニストは従来と同じく政治と深く関わり続けているが、それはアイデンティティの政治化、新自由主義への抵抗運動、民主主義的な異議申し立てなどの新しい理由にもよる。[29] レズビアン運動の発展を背景に、また性の二分化を問い直す形で、さまざまなクィアの潮流が、フェミニズムと袂を分かつことなく、アイデンティティの政治化を前面に打ち出している。こうしたクィアの潮流は、「ジェンダーを解体する」パフォーマンスを演出し、トランス・ジェンダーやトランス・アイデンティティの形象や手続きを推進しており、それが具体的な社会運動やトランス・フェミニズムの出現を生んでいる。セクシュアリティを政治的なものの場としてとらえるアプローチは、セックスワーカーとしての地位の確保を求める娼婦たちとの連帯を促し、また常識を打ち破るとされるフェミニスト・ポルノの使用とも結びついている。このような立場は、アメリカでは終わりの見えない論争の対象になってきた（フェミニスト・セックス戦争）。ヨーロッパでも、このような立場は、売春根絶を目指しているフェミニストと対立する。売買春根絶を唱えるフェミニストは、買春する顧客の犯罪化を求め、少女たちの性の商品化に反対している。

別の潮流は、フェミニズムを新自由主義的な資本主義との闘いに結びつけることに力を注いでいる。とりわけ「南」の女性において不平等と貧困が悪化しており、もうひとつのグローバル化《アルテルモンディアリスム》を目指すフェミニズムがこの状況を糾弾している。フェミニズムが極端にアイデンティティ・ポリティクスや文化主義の方向に流れていることを危惧する声もある。哲学者のシャンタル・ムフ〔一九四三〜〕は、反覇権主義的で反本質主義的なポスト・マルクス主義フェミニズムの思想を練りあげている。またアメリカの哲学者ナンシー・フレイザー〔一九四七〜〕は経済的要因に対する警戒感を強め、フェミニズムと再分配のプロジェクトを結びつけようとしている。彼女はシンジア・アルッザ〔一九七六〜〕

（28）Haase-Dubosc *et alii*, 2002.
（29）Schulz, 2017 ; Bergès *et alii*, 2017 ; Lamoureux, 2016.

やティティ・バタチャーリャ〔一九七一〜 〕とともに、一%の女性しか得をしないとされるリベラル・フェミニズムに反対するマニフェスト「九十九%のためのフェミニズム」に署名している。彼女たちのスローガンは、各国の女性たちがストライキをする際のスローガンにもなっている。一九七〇年代にアイスランドで始まったこのフェミニズムの行動は、多くの国で新たな局面を迎え、経済的搾取や家庭での搾取に焦点を当てている。

「南」のフェミニストまたは「南」に出自を持つフェミニストによるポストコロニアル的なアプローチは、フェミニズムの政治的側面——フェミニズムがいかなる理論的・学問的選択をするかも含む——を鋭く浮き彫りにしている。インド出身のアメリカの文芸理論家ガヤトリ・チャクラヴォルティ・スピヴァク〔一九四二〜 〕は、「サバルタンは語ることができるか」と問いかけ〔サバルタンとは自分自身を語る声を持たない従属させられた人びとを指す〕、同じくインド出身のアメリカの社会学者チャンドラー・タルパデー・モーハンティー〔一九五五〜 〕は、オリエンタリズムと人種主義の影響を告発している。(30) これらの批判は、マイノリティ化され、人種化された、有色の、農村の、先住民のフェミニストたちの多くの運動と共鳴している。(31) 彼女たちは、ペルーの社会学者アニバル・キハノ〔一九二八〜二〇一八〕と彼が提唱した「権力の植民地性」という概念、またアルゼンチンの哲学者マリア・ルゴネス〔一九四四〜二〇二〇〕と彼女が言う「脱植民地的なフェミニズム」や「西洋のフェミニズムの覇権に抗するジェンダーの植民地性」といった考え方からも影響を受けている。基本的権利の問題、とりわけ中絶の権利に関する問題は、理論的・政治的な違いを超えて人びとを結びつけ、二〇二〇年のアルゼンチンのような特筆すべき成功を収めている。

二〇一〇年代のアラブの革命をきっかけに生まれたフェミニストの社会運動は、民主主義の願望と、私的および公的な家父長的な規範の糾弾を結びつけている。[32] 二〇一九年にアルジェリアで起きた「ヒラク」〔運動〕では、「フェミニストの広場」〔毎週同じ時間、同じ場所に女性たちが集まり、議論を通して活動を行なう街頭デモの戦術のひとつ〕が政権、家族法、家父長制を同時に糾弾した。

6　民衆文化のフェミニズム

文化と芸術は、一九七〇年代のカウンターカルチャーにおいて決定的な役割を果たしたが、イギリスの映画理論家でフェミニストのローラ・マルヴィ〔一九四一〜　〕が男性の視線に関して行なった一九七五年の精緻な分析〔「視覚的快楽と物語映画」〕によれば、支配的なジェンダー規範が大きく揺さぶられることはなかった。一九八五年にアリソン・ベクダル〔一九六〇〜　：アメリカ生まれの漫画家。

---

(30) Mohanty, Russo et Torres, 1991.
(31) *Cahiers du CEDREF*, 2015.
(32) Bienaimé, 2016.

レズビアンの主人公と周囲の人びとの日常を描いた作品で知られる〕は、あるテストを提案し——現在ではその名前を冠して「ベクデル・テスト」と呼ばれる——大衆映画に性差別が見られることを示した。フェミニズムのなかでいくつかの芸術的表現様式が発展し、それらは美術史やあらゆる形態の芸術における美的規範を揺るがしながら、女性解放の問題を広く社会に知らせる役割を果たした(33)。女性アーティストが自身の女性としての経験や女性についての経験を価値あるものとし、それに優先権を与えることが多くなった。このようなアプローチは、一九八〇年代から一九九〇年代にかけて広がりを見せた。特に、パフォーマンスとしてのジェンダーに注目したクィア・アクティヴィズムに触発された芸術理論研究が、さらにその発展を後押しした。視覚芸術や造形芸術、文学表現や演劇などの分野で、ステレオタイプや女らしさと男らしさ、身体とセクシュアリティの文法に関する膨大な調査がなされ、既存のモデルが解体されるとともに、新たな表現の可能性が模索された。

舞台では、イヴ・エンスラー〔一九五三〜　〕の『ヴァギナ・モノローグ』が世界的な成功を収め〔初演は一九九六年、日本初上演は二〇〇四年〕、一九七〇年代のフェミニズムのテーマを広く普及させるとともに刷新した。エスニック・マイノリティによる数々の芸術作品は、民衆の通念を活用しながら挑発的で転覆的なフェミニズムを表現してきた。いずれの場合も、性に関する象徴体系、とりわけレズビアンの象徴体系は、文化的フェミニズムを特徴づける表現様式となっている。

芸術レベルではない大衆文化の領域では、フェミニズムの魅力は「パワーガール」のようなキャラクターや、女性解放や暴力や性転換といったテーマに触発された物語を通して表現されている。十九世紀と二十世紀の変わり目と同じように、新しい人物像への憧れや新しい社会問題への関心は、エリート文化ではなく、一般に広く親しまれるメディア（歌《シャンソン》、小説、映画、BD《マンガ》、テレビドラマ）を通じて表現されてきた。インターネットは、新たなフェミニズム運動に欠かせない手段だが、同時に最も凶暴な反フェミニズムの舞台にもなっている。メディアの世界は依然として性差別が根強いが、それにもかかわらずメディア、とりわけ女性が発信するメディアは、大衆フェミニズムの普及に重要な役割を果たしている。

フェミニズムのテーマに触発されたモデルやキャラクターは、しばしば両義的である。それらは一九六〇年代以降の大きな変化を反映しており、強い女性像を提示する一方で、女らしさや男らしさといった伝統的なジェンダー表象のコードに対する抵抗も示している。また、フィクションとして描かれることによって、性の平等に関するメッセージが曖昧になる場合もある。

（33）Dumont, 2011.

7　世界的なフェミニズムの目覚め――#NiUnaMenos と #MeToo

二〇一五年にアルゼンチンで始まった #NiUnaMenos〔スペイン語で「もはや一人の女性も犠牲になってはならない」の意味〕運動は、#MeToo 運動に引き継がれ、フェミニズムの世界史におけるひとつの転機となった。(34) 女性に対する暴力との闘いは、新たな規模を獲得した。この世界的な運動は、二〇〇〇年代以来の妊娠中絶や LGBTQIA+ 運動と連携した性的権利をめぐる粘り強い運動や、人種主義《レイシズム》と性差別《セクシズム》と闘う多くのグループに支持されている。それは、個別的な闘いについては、その特殊性のために決裂や分断がつきものだとしても、そうした傾向を克服することが可能であることを示している。暴力は、一九七〇年代の主要なテーマのひとつであり、急進的フェミニストから制度改革を目指すフェミニストまで、幅広い立場の人びとが取り組んだ主題である。このテーマは、インドからエジプトに至るまで、さまざまな社会運動の中心に据えられてきた。エジプト映画『六七八路線バスの女たち』は、日常的に繰り返されるセクシュアル・ハラスメントの深刻さを浮き彫りにしている。ルーマニアでは二〇一一年に「ふしだらな女たちの行進」〔ルーマニアのロマ居住区で始まった抗議デモ行進。「スラットウォーク」とも〕が行なわれた。ウクライナでは二〇一六年にハッシュタグ「#発言を恐れない」が立ち上げられ、ロシアにまで広がった。(35) このように、#MeToo 運動は、それ自体が出来事であると同時に、それまでの努力が実って結晶化した瞬間でもあった。それにはいくつかの要因があった。フェミニズム研究は、暴力という現象が日常的な侮辱や精神的暴力、街頭でのハラスメントからフェミニサイドに至るまで広範に見られることから、それは家父長制の蔓延と地続きであることを明らかにしてきた。レイプ体質の文化全体が糾弾されたのである。司法の機能不全、メディアの偏見、意見の否定、被害者に罪の意識を与えること——フェミニストによる映画や小説をも含める形で、これらが研究され、告発された。「フェミニサイド」という概念は、女性であるがゆえに殺されるという女性に対する憎悪犯罪のことで、北米のフェミニストたちによって提唱され、活動家たちによって広く知られるようになった。この語はとりわけ一九九〇年代にメキシコ北部の国境の町シウダー・ファレスで起きた女性や少女に対する処罰されない犯罪を指すのに使われており、メキシコ人のスサナ・チャベス〔一九七四〜二〇一一〕が一九九五年に「これ以上の死者は出さない」という詩を書くきっかけとなった。このラテンアメリカの社会運動は、二〇〇七年のコスタリカとメキシコでの法律制定と公的な行動につながった。[36] アルゼンチンのマリア・マルタ・リエバナの詩にちなんで名づけられた「#NiUnaMenos」運動は二〇一五年に始まり、特に若者たちのあいだで反響を呼んだ。若い世代は、処罰されないフェミニサイド、根深いマチズモ、中絶に反対するキリスト教会の姿勢、同性愛嫌悪、

（34）Chandra et Erlingsdóttir, 2021.
（35）Ana, in Delage et Gallot (dir.), 2020 ; Claro et Khodyreva, in Delage et Gallot (dir.), 2020.
（36）Lapalus et Mora, 2020.

ジェンダー概念への敵意などに憤慨した。#NiUnaMeros 運動と #MeToo 運動を組み合わせた新たなラディカル・フェミニズムが、ラテンアメリカ全土に広がっている。

アメリカでは、最初の #MeToo ハッシュタグは、二〇〇六年にアフリカ系アメリカ人のタラナ・バーク〔一九七三〜 〕によって提唱された。しかし、運動を世界に広げたのは、二〇一七年十月のワインスタイン事件というスキャンダルだった。女優アリッサ・ミラノ〔一九七二〜 〕の告発に続き、多くの映画スターがこのプロデューサーを糾弾し、SNSを通じて世界的な反響を巻き起こした。SNSは運動拡散の手段として、すでに「アラブの春」の蜂起の際に効果を発揮していた。#MeToo のハッシュタグは大成功を収め、多くの国で類似のハッシュタグが生まれた。それは被害者の声を解き放っただけでなく、コメンテーターやアーティストの発言も促した。それに続いて、同性愛者や、近親相姦によって虐待された経験を持つ女性や男性の証言も寄せられた。この現象は、活動の分野や国によって異なるが、まだまだ発展の余地がある。SNSは街頭行動の妨げにはなっていない。むしろ逆である。新しい行動形式には、非常に目を引くものもある。たとえば、ラステシスというチリのフェミニスト・コレクティヴが、人類学者リタ・セガート〔一九五一〜 〕の文章をもとに作った「あなたの道にいるレイプ魔」という歌とそれに合わせた振り付けは、世界中を駆け巡った。ペルーでは赤、アルゼンチンでは緑をテーマカラーにした大規模デモは、非常に強い視覚的なインパクトを与えた。映像が広まっただけではなく、行動の仕方も模倣され、インターネットに投稿された。どの大陸にも、多かれ少なかれ #MeToo の波が押し寄せている。ブルキナファソでは、平等主義のコンセンサスが達成されているとは言えないなかで、女性活動家たちが「恐れなくていい」(#MemePasPeur)をスローガンに選んだ。セネガルでは、小説家でブロガーのンデエ・ファトゥ・カネ〔一九八六〜 〕がハッシュタグ「変態野郎を告発せよ」(#BalanceTonSaïsaï)を立ち上げた。

このようなフェミニズムの新しい潮流は印象的だが、男性優位主義者による反動も小さくない。二〇二〇年のテキサスやポーランドで見られたように、それはますます露骨な形を取るようになり、権威主義的なポピュリズムは極右の運動を煽り、女性が獲得してきた権利を反故にしようとしたり、中絶へのアクセスを妨げようとしたりしている。

だが、このような反フェミニズムが、若い世代の社会運動の勢いを止めることはできない。若い世代においては性的同意の問題が中心になりつつあり、男性の振る舞いが根本的に変わることを求めている。

結論

本書では二世紀にわたる期間を概観してきた。その結果、いくつかの重要なテーマが浮かびあがってきた。連続性と非連続性の影響は絡み合っている。平等と自由という理念、そして女性蔑視《ミソジニー》と性差別《セクシズム》との糾弾という基本的な提案から出発し、支配的なパラダイムがそれぞれの時代を特徴づけている。

第一段階では、平等と自由は、人権や革命による解放といった自由主義的なユートピアの観点から構想されており、奴隷制度や民衆階級の搾取に対する闘いと結びついていたが、集合的な力学は度重なる弾圧や戦争によって妨げられてもいた。

第二段階では、問題提起は刷新されたが、自由主義であれ社会主義であれ、大局的な流れに変化はなかった。社会運動や政治運動が、国民国家の出現という文脈のなかで、女性の権利に対する具体的な要求を打ち出した。伝統的なジェンダー・モデルは少しずつ綻びを見せはじめた。それを具体的に可能にしたのは、最初の法的達成と経済的および社会的発展である。一方、想像の領域においては、新しい女性像が広範に流布した。内部の葛藤の主要なものは、つねに社会主義と結びついていたが、同時に植民地主義や反植民地主義とも結びついていた。社会主義は男女平等について独自の問題提起をしたが、植民地主義や反植民地主義は、新しいナショナリズム的なフェミニズムの動員を促した。

第三段階でも、改革派の問題提起は根本的なものであり続けている。それは絶えず拡大深化を遂げ、「北」の多くの国々は、男女平等を価値として採用する社会を生み出す方向に向かっている――たとえそうした社会でも差別はつねに生み出されるものだとしても。そうした価値観は、国際的に広まり、「南」のフェミニズムを支援しているが、各地に展開していく際の枠組みの多様性や、開発経済政策に内在する帝国主義的ないしポスト植民地主義的な矛盾に直面し、「北」の国々が主導する資本主義的支配や統治様式ではないかと受け止められることもある。一九六〇年代の異議申し立ての運動から生まれたラディカル・フェミニズムは、解放のダイナミズムに弾みをつけ、集合的および個人的な変革をもたらした。それは、程度の差はさまざまだが、私的なもの、親密なもの、セクシュアリティを考慮に入れ、女らしさと男らしさ、女性性と男性性、性的二元論といった概念そのものに挑戦することによって継続した。これらの問題提起は世界的に広まり、アクティヴィズムの枠組みにおいてのみならず、ジェンダーの概念を問い直す知や文化的な作品の創造にも影響を与えている。レズビアンやクィア、トランスや「有色女性」たちマイノリティは、しばしば斬新な解釈をもたらし、葛藤や衝突を孕みつつ、新たな問題提起に刺激を与えている。マグレブやエジプトで二〇〇〇年代に起こったフェミニズムは、「アラブの春」の流れに連なる形で、女性たちの苦悩と反乱を表現している。女性たちは、セクシュアル・ハラスメントを受けたり、処女の義務を課されたりしていたし、さらに一般的に言えば、女性の身体やセクシュアリティや自由に対する偏見の重さに喘いでいた。

理論と行動は多様で非常に対照的な文脈において絡まり合っているが、歴史的な物語はそうした多様性に一貫性を与えようとする傾向がある。しかし、一貫性とはまとまりをつけることではない。それは現在においても、過去においても同じである。長期的な視点に立てば、フェミニズムの成功は相当大きなものであるように見える。ただ、それはつねに自由主義的で革命的、あるいは急進的な異議申し立ての結果によるものとは限らず、反対運動が物事の展開にブレーキをかけてしまうこともありえる。フェミニズムの成功には、例外的な女性および男性の存在だけでなく、文化やメディアや政治的な同盟や連携が不可欠であったし、きっかけとなる出来事や、ジェンダー関係の世界規模での変化にも左右されてきた。アプローチの分散は、運動を弱体化させてしまうおそれもあるが、潜在的な継承の拡大につながる面もある。フェミニストたちの提案は、こうしてつねに翻訳し直され、修正され、具体的な形で結実することもあれば、表象に変化をもたらすこともある。新しい状況が到来するたびに、新たな葛藤や矛盾が生じ、世代間対立や政治的緊張が生まれるため、フェミニズムは自分自身の更新に挑戦してきた。

このようにさまざまな力学が働いているのであって、いかに紆余曲折に満ちていようと、その歩みには終わりがないと思われる。不平等や偏見に対する闘い、改革主義と急進主義も同様であって、平等と自由、アイデンティティと主体性のあいだの弁証法の歩みには、終わりがない。

人権としての女性の権利という考えは、これらの権利が踏みにじられている多くの国々や、獲得したはずの権利が宗教的原理主義や保守的政治体制によって脅かされているあらゆる場所において、その妥当性を保ち続けている。とりわけ中絶の権利が現在もなお脅威にさらされているが、一般的に言えば、自分と自分の身体を自由にできるという原則は、世界的な広がりを見せている。性差別の影響は不可視化されがちだが、女性たちが声を上げ、ジェンダーに関する調査や分析を行なうことによって、つねにそれをなくしていくようにすべきである。法的手段は整いつつあるが、それを実行に移していく必要が残っている。この点では政治的な力関係が決定的に物を言うのであって、フェミニストの運動は変革のために依然として不可欠である。というのも、現在では多くの反平等主義的措置が政治的プロジェクトとして明確に提案されており、それを推進している「男性優位主義者」による支配は、「自然」な階層秩序という特定の思想を守ろうとしているからである。それは、つねに性的規範の制約や社会的・人種的不平等と結びついている。

改革運動は、ジェンダー研究や複合的差別の分析によって豊かになることがある。そうした運動は、「女性」グループ内部における不平等やマイノリティの多様性を考慮に入れ、さらに裾野を広げて、たとえば同性愛嫌悪《ホモフォビア》という暴力の被害を受けた男性をも包摂する姿勢を示している。ジェンダー研究は、ともすると翳りが見える改革運動を、再び盛りあげてくれるのではないかと期待されている。しかし現在、ジェンダー研究自体がヨーロッパおよび世界的規模で激しい攻撃の対象となっていることも事実で、それによって研究や公共政策に長期的な悪影響が及ぶことが懸念される。

急進的な路線は、これまで強調してきた通り、しばしば改革主義的な路線と交わっている。それは、一九八〇年代におけるアクティヴィズムの退潮とともに消えてしまったわけではない。たしかに急進的な路線は、二十世紀の最後の三十年において、「女性」という法的・政治的カテゴリーが、民族的《エスニック》、人種的、性的、政治的マイノリティの圧力のもとで、相対的に分裂することに加担してしまった点が否めない。これらのマイノリティは、女たちの連帯が幻想であって、予期せぬ事態や弊害をもたらすことを糾弾したのである。だが、これらの批判は、フェミニズムの否定につながるものではない。わずかの例外を除けば、それはむしろマイノリティ集団やLGBTQIA+運動、反資本主義やエコロジーとの関連においてフェミニズムの再定義や再構成を促すものである。これらの力は脆くて弱いものだが、にもかかわらず、平等と不平等、自由と抑圧に関係する問題設定には共通点がある。それが「南」と「北」のフェミニストたちを近づけてきたことは特筆すべきであるし、双方のフェミニストたちはグローバリゼーションの文脈のなかで対立を乗り越えてきた。「南」から来る提案の力も増していると言える。とりわけポストコロニアル理論やエコロジー、新自由主義への批判に関して、そのように言うことができる。また、国境を越えた次元で起きている性差別の暴力も考慮に入れる必要がある。ナイジェリアの小説家チママンダ・ンゴズィ・アディーチェ〔一九七七〜 〕は、私たち全員がフェミニストになるよう呼びかけているではないか〔『男も女もみんなフェミニストでなきゃ』くぼたのぞみ訳、河出書房新社、二〇一七年〕。

フェミニズムの時代はもはや過ぎ去った、政治の弱体化と「女性」という主体の分裂に直面してフェミニズムはもはや足場を失っていると、繰り返し言われてきた。だが、このような見解には根拠がない。それどころか、むしろフェミニズムは変化し続け、ますます緊密化する世界の新しいパラダイムに適応しているように見える。フェミニズムの歴史を振り返ると、それがつねに着想の源であり続けたことがわかる。これまでのフェミニズムの成果や提案、そして女性に対するさまざまな攻撃さえも、新たな異議申し立ての運動を繰り返し生み出す原動力となってきた。「アラブの春」では多くの女性ブロガーが、そして#MeToo運動では無数の女性たちが、フェミニズムの歴史における数多くの重要な要素をメディアの舞台に押し上げた。女性たちは、自分自身の実体験やトラウマに基づいて不正を告発した。黙らない姿勢は国境を越えて広がり、世界に前代未聞の反響を巻き起こしている。これまで沈黙を余儀なくされ、黙殺され、矮小化されてきた振る舞いが糾弾され、性やジェンダーに基づく不平等が明らかにされている。この出来事の当事者である女性たちは、フェミニズムがいかに複雑で分断された政治的課題であろうと、自分の言葉や行動を通じてこれを豊かにできることを証明してきたのである。

謝辞

私の同僚にして友人であるミシェル・ザンカリーニ゠フルネルとビビア・パヴァールの協力と加担に心から感謝の意を表したい。また雑誌『クリオ——女性、ジェンダー、歴史』のチームのみなさんにも感謝したい。

訳者あとがき

本書は、Florence Rochefort, *Histoire mondiale des féminismes*, Paris, PUF (Que sais-je ?), 2022, 2ᵉ éd. の全訳である。初版は二〇一八年に刊行されている。

著者のフロランス・ロシュフォールは一九五八年生まれで、フェミニズム・女性・ジェンダーとライシテを専門とするフランス国立科学センターＣＮＲＳ所属の歴史家である。フランス宗教社会学研究の拠点「社会・宗教・ライシテ研究グループ」（ＧＳＲＬ）のメンバーでもあり、ジェンダーをめぐる問題を、宗教、ライシテ、世俗化の観点から論じている点に持ち味がある。

フランスにおける女性史研究の第一人者であるミシェル・ペローの薫陶を受けたロシュフォールは、近代社会の成立には社会契約のみならず女性が男性に従属することを定めた「性契約」があったとするイギリスの政治理論家キャロル・ペイトマンのテーゼと、ライシテにはカトリックとの敵対関係のみならず共犯関係もあったことに光を当てたライシテ研究の第一人者ジャン・ボベロによる「ライシテ協約」から着想を得て、「ジェンダー協約」という概念を唱え、ライシテ化は必ずしも女性解放と結びつくわけではなく、両者の関係は錯綜していることを明らかにしてきた。

おもな編著に『ジェンダーの権力――ライシテと宗教一九〇五～二〇〇五年』(*Le pouvoir du genre. Laïcités et religions 1905-2005*)、共編著に『解放していただかなくて結構、自分たちでしますから――一七八九年から今日までのフェミニズムの歴史』(*Ne nous libérez pas, on s'en charge : Une histoire des féminismes de 1789 à nos jours*) などがある。近年は、避妊、中絶、性教育の歴史や、第三共和政において展開されたカトリックのフェミニズムなどについて研究を進めているという。

フランスのフェミニズムは、独特の特徴を備えていると言われる。たとえば、#MeToo 運動の際に、「行き過ぎ」に警鐘を鳴らす声が女性からもあがったことなどにその一端を窺うことができる。「フランスのフェミニズムは白い」とも言われ、イスラームのヴェール着用を擁護するフェミニズムに比べ、禁止を主張するフェミニズムのほうが圧倒的に強い。フランスの普遍主義が一因で、インターセクショナリティの観点をアメリカ由来の差異主義として警戒する向きも強い。

フランスの人文社会学もまた、しばしば独特の特徴を備えている。それは英語圏での研究の影響が強い日本の学術においても独自の切り口を示してくれるものだが、その一方でフランス特殊主義に陥る傾向もなきにしもあらずである。それでも、フランスに足場をおきつつ、フランス中心主義を相対化しようとする問題意識が窺える研究もある。パトリック・ブシュロン編『世界のなかのフランス史』(*Histoire mondiale de la France*) はその代表例で、日本でも一定の注目を集めている（『思想』二〇二一年三月号特集「ナショナル・ヒストリー再考」）。フランス独自とされるものの脱フランス化を目指し、比較の観点から再構成して提示する研究としては、文庫クセジュの既訳本でもあるジャン・ボベロ『世界のなかのライシテ――宗教と政治の関係史』私市正年・中村遥訳（*Les laïcités dans le monde*）を挙げることができる。

本書の原題は *Histoire mondiale des féminismes* で、直訳すれば『さまざまなフェミニズムの世界史』となるだろうが、一方ではブシュロン編の問題意識に通じ（«histoire mondiale» が共通している）、他方ではボベロのアプローチを思わせる（«laïcités» も «féminismes» も複数形表記である）。こうしたフランス発の諸地域の比較研究が近年の研究動向であることは、文庫クセジュの既訳本アンドレ・ミシェル『フェミニズムの世界史』村上眞弓訳（*Le féminisme*）と比較してみるとわかる。原著初版の刊行が一九七九年（邦訳は一九九三年）であるミシェルの著作は、旧石器時代から現代まで、人類史的な規模での女性解放の歩みをたどる、小著ながらスケールの大きな良書だが、今日の目から見ると、単数形で語られるフェミニズムの世界史はいわゆる西洋史の範囲を越え出ていない。

それと比較すると、本書の特徴は、時代的には近代以降に限定しつつ、複数形で語られるフェミニズムの多様性、相互の異質性や異なる目的の提示に注意を傾けている点にあると言える。フェミニズムには通常四つの波があると言われるが――第一波は十九世紀後半から二十世紀前半で焦点は女性参政権、第二波は一九六〇年代で焦点は避妊と中絶、第三波は一九九〇年代以降で争点のひとつは文化的差異、第四波は二〇一〇年代以降とされ件の多様性などが争点となっている——ロシュフォールは、この時代区分の機械的な当てはめはグローバルなアプローチを取る際には必ずしも有益ではないと考えているようで、別の時代区分を採用し、時間的・空間的な連続性と非連続性を示すためのもうひとつの語りを試みている。それが十分に脱フランス中心的なものであるかどうかは読者の判断に委ねられるものだが、著者としては、フランスから世界に向かって開かれたひとつの見方を提示することは、もちろんそれを押し付けるためではなく、対話の呼び水とするためだと思われる。

ロシュフォールの叙述の特徴としては、フェミニズムの歴史には作用と反作用の複雑な力学があることや、影響関係が必ずしも一方通行ではなく、双方向的な対話や逆向きの還流もあることを踏まえて、わかりやすくするための図式に無理に落とし込まないことが挙げられるだろう。たとえば、リベラル・フェミニズムと社会主義的フェミニズムを比較すると、一見前者がブルジョワ的であることから後者がより急進的と思われるかもしれないが、女性解放の点から言えばしばしば前者のほうが急進的であったことなどに触れている。社会主義とフェミニズム、あるいはライシテとフェミニズムには、協力関係のみならず排斥し合う関係も見られ、その一方で、宗教的なフェミニズムという形態も見られた点に着目している。また、著者は制度的達成と思想的冒険や社会的運動のそれぞれを視野に収め、改革派《レフォルミスト》フェミニズムと急進的《ラディカル》フェミニズムの協力関係とせめぎ合いを描き出している。著者自身は、社会運動にラディカルにコミットしているわけではなく、急進的フェミニズムがしばしばバックラッシュを呼び込むことにも注意を向けていることから、研究者として比較的穏健な改革派の立場に留まっているようにも思われるが、急進派の努力があってこそもたらされた成果も多い点にも十分に注意を促しており、急進派の主張内容を退けるような態度も見られない。個々の思想や運動を歴史的・地域的な文脈のなかに位置づけながら、大きな潮流を掴み出そうとする姿勢が印象的である。

翻訳に際して訳語の選定に迷ったものは少なくないが、ひとつだけ触れると、«égalité des sexes» は、「男女平等」と「性の平等」のあいだで逡巡したうえで、基本的には前者を採用した。性の多様性は著者の視野に収められているが、著者の主眼は性別二元論を批判してセクシュアル・マイノリティの観点を強く主張するというよりは、女性の立場からフェミニズムの観点を推進することにあると考えられる。実際、著者はフェミニズムの歴史を女性の基本的自由の獲得と関連づける文脈において、«égalité des sexes» という言葉を用いている。

原書の本文に登場する人物には、生没年が記されている場合もあれば、記されていない場合もあり、その有無に一貫性があるようには思えなかった。追記されているほうが日本語訳の読者の役に立つと考え、〔 〕を用いて原書にはない人物の生没年も適宜補った。他にも訳註は亀甲括弧を用いて本文中に組み込んだ。

本書は、これまで韓国語訳（『페미니즘들의 세계사』책과 함께、二〇二〇年）、トルコ語訳（*Feminizmler Tarihi*, Sel Yayincilik, 2020）、イタリア語訳（*Femminismi. Uno sguardo globale*, Laterza, 2022）そしてメキシコでスペイン語訳（*Historia mundial de los feminismos*, La Cigarra, 2023）が出ており、日本語訳は五カ国語目に当たる。

訳者は、かねてからロシュフォールの仕事に注目していたところ、二〇二三年六月にモントリオールで開催された国際シンポジウムの際に初めて対面で出会い、本書の原書を直接手渡された。非常に興味深い本なので、すでに誰かが翻訳に着手しているのではないかと思って白水社に問い合わせたところ、そのような話はなく、そのまま私が訳すことになった。フェミニズムについては門外漢の私が訳すことにはもちろん躊躇があり、ライシテという専門のつながりがなければ、敢えて手を出すことはなかっただろう。他にもっと適任者がいたのではないかとの思いも抱きながら、放っておいても訳される様子がないのなら、自分が引き受けてでも訳したほうがよいに違いないと私の背中を押してくれたひとつのきっかけは、本書の最後で引かれているチママンダ・ンゴズィ・アディーチエによる男性も女性もフェミニストになるべきという呼びかけで、これに多少なりとも意を強くして、蛮勇を振るう仕儀となった。自分では勉強になったが、基本的なことも含めて間違いがあるのではないか、著者の意図をうまく再現できていないのではないかと恐れる気持ちもある。読者諸賢からのご指摘やご批判をお待ちしたい。

白水社の小川弓枝さんは、訳稿を原文と照らし合わせて丁寧に読んでくださり、事実関係の確認や、読みやすくするための工夫など、さまざまな改善策を提案してくださった。記して謝意を表したい。

伊達聖伸

著者略歴

フロランス・ロシュフォール（Florence Rochefort）

フランス国立科学センター（CNRS）所属の歴史家。専門はフェミニズム・女性・ジェンダーの歴史、習俗のライシテ。おもな編著に『ジェンダーの権力 —— ライシテと宗教 1905 〜 2005 年』（*Le pouvoir du genre. Laïcités et religions 1905-2005*）、共編著に『解放していただかなくて結構、自分たちでしますから——1789 年から今日までのフェミニズムの歴史』（*Ne nous libérez pas, on s'en charge : Une histoire des féminismes de 1789 à nos jours*）などがある。

訳者略歴

伊達聖伸（だて　きよのぶ）

フランス国立リール第三大学博士課程修了。博士（宗教学）。東京大学大学院総合文化研究科地域文化研究専攻教授。著書に『ライシテ、道徳、宗教学』（勁草書房、2010 年）、『ライシテから読む現代フランス——政治と宗教のいま』（岩波書店、2018 年）など。訳書にジャン・ボベロ『フランスにおける脱宗教性（ライシテ）の歴史』（三浦信孝との共訳、白水社文庫クセジュ、2009 年）、ナタリ・リュカ『セクトの宗教社会学』（白水社文庫クセジュ、2014 年）、ラファエル・リオジエ『男性性の探究』（講談社、2021 年）など。

参考文献

Anderson Bonnie, *Joyous Greetings : The First International Women's Movement, 1830-1860*, Oxford, Oxford University Press, 2000.

Antrobus Peggy, *Le Mouvement mondial des femmes* (2004), Paris, Enjeux Planète, 2007.

Badran Margot, *Feminism in Islam : Secular and Religious Convergences*, Oxford, Oneworld, 2009.

Bard Christine, *Les Filles de Marianne. Histoire des féminismes, 1914-1940*, Paris, Fayard, 1995.

— (dir.), *Les Féministes de la deuxième vague*, Rennes, PUR, « Archives du féminisme », 2012.

— (dir.), *Les Féministes de la première vague*, Rennes, PUR, « Archives du féminisme », 2015.

Bard Christine et Chaperon Sylvie (dir.), *Dictionnaire des féministes*, Paris, Puf, 2017.

Baxandall Rosalyn et Gordon Linda (éds.), *Dear Sisters Dispatches from the Women's Liberation Movement*, New York, Basis Books, 2000.

bell hooks, *Ain't a Woman : Black Women and Feminism* (1981), New York, Routledge, 2015.〔ベル・フックス『アメリカ黒人女性とフェミニズム――ベル・フックスの「私は女ではないの？」』大類久恵監訳、柳沢圭子訳、明石書店、2010年〕

Bergès Karine, Florence Binard et Guyard-Nedelec Alexandrine, *Féminismes du xxie siècle. Une troisième vague ?*, Rennes, PUR, « Archives du féminisme », 2017.

Bienaimé Charlotte, *Féministes du monde arabe*, Paris, Les Arènes, 2016.

Bijon Béatrice et Delahaye Claire (éds.), *Suffragistes et suffragettes. La conquête du droit de vote des femmes au Royaume-Uni et aux États-Unis*, Lyon, ENS Éditions, 2017.

Boittin Jennifer, *Colonial Metropolis : The Urban Grounds of Anti-*

Imperialism and Feminism in Interwar Paris, Lincoln et Londres, University of Nebraska Press, 2010.

Briatte-Peters Anne-Laure, *Citoyennes sous tutelle. Le mouvement féministe « radical » dans l'Allemagne wilhelmienne*, Berne, Peter Lang, 2013.

Bullock Julia C., Kano Ayako et Welker James (éds.), *Rethinking Japanese Feminisms*, Honolulu, University of Hawai'i Press, 2018.

Burton Antoinette, *Burdens of History : British Feminists, Indian Women, and Imperial Culture, 1865-1915*, Chapel Hill et Londres, University of North Carolina Press, 1994.

Butler Judith, *Trouble dans le genre. Pour un féminisme de la subversion* (1990), Paris, La Découverte, 2005.〔ジュディス・バトラー『ジェンダー・トラブル――フェミニズムとアイデンティティの攪乱』竹村和子訳、青土社、2018年〕

Cahiers du CEDREF, « Intersectionnalité et colonialité. Débats contemporains », sous la direction de Jules Falquet et Azadeh Kian, 2015.

Cahiers Genre et développement, « Genre, postcolonialisme et diversité des mouvements des femmes », sous la direction de Christine Vershuur, n° 7, 2010.

Chandra Giti et Erlingsdóttir Irma (éds.), *The Routledge Handbook of the Politics of the #MeToo Movement*, Londres et New York, Routledge, 2021.

Chaperon Sylvie, *Les Années Beauvoir, 1945-1970*, Paris, Fayard, 2000.

Chetcutti Natacha et Michard Claire (dir.), *Lesbianisme et féminisme, histoires politiques*, Paris, L'Harmattan, 2003.

Clio. Femmes, genre, histoire, « Citoyennetés », sous la direction de Pascale Barthélémy et Violaine Sébillotte Cuchet, n° 43, 2016.

Cohen Yolande et Thébaud Françoise (dir.), *Féminismes et identités nationales*, Lyon, Programme Rhône-Alpes de recherches en sciences humaines, 1998.

Cott Nancy, *The Grounding of Modern Feminism*, New Haven, Yale University Press, 1986.

Daley Caroline et Nolan Melanie (éds.), *Suffrage and Beyond : International Feminist Perspectives*, New York, New York University Press, 1994.

Daoud Zakya, *Féminisme et politique au Maghreb. Soixante ans de lutte*, Paris, Maisonneuve et Larose, 1993.

Delage Pauline et Gallot Fanny (dir.), *Féminismes dans le monde. 23 récits d'une révolution planétaire*, Paris, Textuel, 2020.

Dorlin Elsa (éd.), *Black feminism. Anthologie du féminisme africain-américain, 1975-2000*, Paris, L'Harmattan, 2008.

DuBois Ellen, *Feminism and Suffrage : The Emergence of an Independent Women's Movement in America, 1848-1869*, Ithaca, Cornell University Press, 1999.

Dumont Fabienne (éd.), *La Rébellion du Deuxième Sexe. L'histoire de l'art au crible des théories féministes anglo-américaines (1970-2000),* Paris, Les Presses du réel, 2011.

Ebisu, « Naissance d'une revue féministe au Japon : Seitō (1911-1916) », sous la direction de Christine Lévy, n° 48, automne-hiver 2012.

Evans Richard J., *The Feminists : Women's Emancipation Movements in Europe, America and Australasia, 1840-1920*, Londres, Corom Helm, 1977.

Falquet Jules, « Les "féministes autonomes" latino-américaines et caribéennes : vingt ans de critique de la coopération au développement », *Recherches féministes*, vol. 24, n° 2, 2011, p. 39-58.

—, *Imbrication. Femmes, race et classe dans les mouvements sociaux*, Paris, Éditions du Croquant, 2019.

Farges Patrick et Saint-Gille Anne-Marie (dir.), *Le Premier Féminisme allemand, 1848-1933. Un mouvement social de dimension internationale*, Villeneuve-d'Ascq, Presses universitaires du Septentrion et Ciera, 2013.

Fillard Claudette (dir.), *Elizabeth Cady Stanton. Naissance du féminisme américain à Seneca Falls*, Lyon, ENS Éditions, 2009.

Forstenzer Nicole, *Politiques de genre et féminisme dans le Chili de la*

post-dictature, 1990-2010, Paris, L'Harmattan, 2012.

Fougeyrollas-Schwebel Dominique, « Le féminisme des années 1970 », in Christine Fauré (dir.), *Encyclopédie politique et historique des femmes*, Paris, Puf, 1997, p. 729-770.

Fougeyrollas-Schwebel Dominique et Rochefort Florence (dir.), *Penser avec Françoise Collin. Le féminisme et l'exercice de la liberté*, Donnemarie-Dontilly, Éditions iXe, 2015.

Fraisse Geneviève, *Muse de la raison*, Paris, Gallimard, « Folio », 1995.

Fraser Nancy, *Le Féminisme en mouvement. Des années 1960 à l'ère néolibérale*, Paris, La Découverte, 2012.

Freedman Estelle B., *No Turning Back : The History of Feminism and the Future of Women*, New York, Ballantine Books, 2002.〔エステル・フリードマン『フェミニズムの歴史と女性の未来——後戻りさせない』安川悦子・西山惠美訳、明石書店、2005年〕

Fuentes Pamela, *La Conferencia Mundial del Año Internacional de la Mujer y la Tribuna de las Organizaciones No Gubernamentales de 1975. Una approximación a las discusiones en torno al género*, Mexico, UNAM, 2008.

Gazzetta Liviana, *Orizzonti nuovi. Storia del primo feminismo in Italia (1865-1925)*, Rome, Viella, 2008.

Gender & History, « Feminism and internationalism », vol. 10, n° 3, novembre 1998.

Godineau Dominique, *Citoyennes tricoteuses. Les femmes du peuple à Paris pendant la Révolution française (1988)*, Paris, Perrin, 2004.

Grazia Victoria (de), *How Fascism Ruled Women : Italy, 1922-1945*, Berkeley, University of California Press, 1992.

Gubin Éliane *et alii*, *Le Siècle des féminismes*, Paris, L'Atelier, 2004.

Haan Francisca de *et alii* (éds.), *Women's Activism. Global Perspectives from 1890s to the Present*, Londres et New York, Routledge, 2013.

Haase-Dubosc Danielle *et alii* (éds.), *Enjeux contemporains du féminisme indien*, Paris, MSH Éditions, 2002.

Hannam June, *Feminism*, Londres, Pearson Longman, 2007.

Hartmann Susan M., *The Other Feminists : Activists in the Liberal*

Establishment, New Haven, Yale University Press, 1998.

Hirata Helena *et alii* (dir.), *Dictionnaire critique du féminisme*, Paris, Puf, 2000.

Jacquemart Alban, *Les Hommes dans les mouvements féministes français (1870-2010). Sociologie d'un engagement improbable*, Rennes, PUR, « Archives du féminisme », 2015.

Jayawardena Kumari, *Feminism and Nationalism in the Third World*, Londres, Zed Books, 1986.

—, *The White Woman's Other Burden : Western Women and South Asia During British Colonial Rule*, New York, Routledge, 1995.

Karius Sophie, « Construire le mouvement féministe en Namibie au lendemain de l'indépendance : Sister Namibia (1989-2015) », mémoire de master 1 en histoire de l'Afrique contemporaine, sous la direction de Pierre Boilley et d'Anne Hugon, université Paris-1 Panthéon-Sorbonne, 2016.

Kish Sklar Kathryn et Brewer Stewart James (éds.), *Women's Rights and Transatlantic Antislavery in the Era of Emancipation*, New Haven et Londres, Yale University Press, 2007.

Klejman Laurence et Rochefort Florence, *L'Égalité en marche. Le féminisme sous la Troisième République*, Paris, Presses de la FNSP et Des femmes, 1989.

Lamoureux Diane, *Pensées rebelles. Autour de Rosa Luxembourg, Hannah Arendt et Françoise Collin*, Montréal, Éditions du remue-ménage, 2010.

—, *Les Possibles du féminisme. Agir sans « nous »*, Montréal, Éditions du remue-ménage, 2016.

Lapalus Marylène et Mora Mariana R., « Fémicide/féminicide.Les enjeux politiques d'une catégorie juridique et militante », *Travail, genre et sociétés*, vol. 1, n° 43, 2020, p. 155-160.

Las Nelly, *Femmes juives dans le siècle. Histoire du Conseil international des femmes juives de 1899 à nos jours*, Paris, L' Harmattan, 1996.

Lavrin Asuncion, *Women, Feminism, and Social Change in Argentina, Chile, and Uruguay, 1890-1940*, Lincoln et Londres, University of

Nebraska Press, 1995.

Locoh Thérèse et Puech Isabelle (propos recueillis par), « Fatou Sow, les défis d'une féministe en Afrique », *Travail, genre et sociétés*, vol. 2, n° 20, 2008, p. 5-22.

Marino Katherine M., *Feminism for the Americas : The Making of an International Human Rights Movement*, Chapel Hill, University of North Carolina Press, 2019.

Michel Andrée, *Le Féminisme*, Paris, Puf, « Quesais-je ? », 1972.

Mohanty Chandra Talpade, Russo Ann et Torres Lourdes, *Third World Women and the Politics of Feminism*, Bloomington et Indianapolis, Indiana University Press, 1991.

Monacelli Martine et Prun Michel (dir.), *Ces hommes qui épousèrent la cause des femmes. Dix pionniers britanniques*, Paris, L'Atelier, 2010.

Morant Isabel (dir.), *Historia de las mujeres en España y América Latina*, t. III, t. IV, Madrid, Catedra, 2006.

Moses Goldberg Claire, *French Feminism in the Nineteenth Century*, Albany, Suny University Press, 1984.

Murari Stefania, *L'idea più avanzata del secolo. Anna Maria Mozzoni e il femminismo italiano*, Rome, Aracne, 2008.

Offen Karen, *Les Féminismes en Europe, 1700-1950* (2000), Rennes, PUR, « Archives du féminisme », 2012.

— (éd.), *Globalizing Feminisms, 1789-1945*, Londres et New York, Routledge, 2010.

Olcott Jocelyn, *International Women's Year : TheGreatest Consciousness-Raising Event in History*, New York, Oxford University Press, 2017.

Panata Sara, « Le Nigéria en mouvement(s) : la place des mouvements féminins et féministes dans les luttes socio-politiques nationales (1944-1994) », thèse de doctorat en histoire, sous la direction d' Anne Hugon, université Paris 1 Panthéon-Sorbonne, 2020.

Pavard Bibia, *Quand je veux, si je veux. Contraception et avortement dans la société française, 1956-1979*, Rennes, PUR, « Archivesdu féminisme », 2012.

Pavard Bibia, Rochefort Florence et Zancarini-Fournel Michelle, *Les Lois Veil Contraception 1974, IVG 1975*, Paris, Armand Colin, 2012.

—, *Ne nous libérez pas, on s'en charge. Une histoire des féminismes de 1789 à nos jours*, Paris, La Découverte, 2020.

Pavard Bibia et Zancarini-Fournel Michelle, *Luttes de femmes. 100 ans d'affiches féministes*, Paris, Les Échappés, 2013.

Picq Françoise, *Libération des femmes. Les années Mouvement*, Paris, Seuil, 1993.

Pietrow-Ennker Bianka et Paletschek Sylvia (éds.), *Women's Emancipation Movement in the Nineteenth Century : A European Perspective*, Stanford, Stanford University Press, 2004.

Primi Alice, *Femmes de progrès. Françaises et Allemandes engagées dans leur siècle, 1848-1870*, Rennes, PUR, « Archives du féminisme », 2010.

Purkayashta Prarthana, *Indian Modern Dance, Feminism and Transnationalism*, Basingstoke, Palgrave Macmillan, 2014.

Reilly Maura et Nochlin Linda (éds.), *Global Feminism : New Directions in Contemporary Art*, Londres et New York, Merrell et Brooklyn Museum, 2007.

Revillard Anne, *La Cause des femmes dans l'État. Une comparaison France Québec*, Grenoble, PUG, 2016.

Riot-Sarcey Michèle, *La Démocratie à l'épreuve des femmes. Trois figures critiques du pouvoir : Désirée Véret, Eugénie Niboyet et Jeanne Deroin, 1830-1848*, Paris, Albin Michel, 1994.

—, *Histoire du féminisme*, Paris, La Découverte, « Repères », 2002.

Robson Ann P. et Robson John M., *Sexual Equality Writings by John Stuart Mill, Harriet Taylor and Helen Taylor*, Toronto, University of Toronto Press, 1994.

Roces Mina et Edwards Louise (éds.), *Women's Movements in Asia. Feminisms and Transnational Activism*, Londres et New York, Routledge, 2010.

Rochefort Florence, « L'accès des femmes à la citoyenneté politique dans les sociétés occidentales : essai d'approche comparative »,

in Cohen Yolande et Thébaud Françoise (dir.), *Féminismes et identités nationales*, Lyon, Programme Rhône-Alpes de recherches en sciences humaines, 1998, p. 21-45.

—, « Du droit des femmes au féminisme en Europe, 1860-1914 », in Christine Fauré (dir.), *Nouvelle Encyclopédie politique et historique des femmes* (1995), Paris, Les Belles Lettres, 2010*a*, p. 669-694.

—, « Troisième vague féministe, religions et sécularisations, 1990-2007 », in Christine Fauré (dir.), *Nouvelle Encyclopédie politique et historique des femmes*, Paris, Les Belles Lettres, 2010*b*, p. 1096-1114.

Rochefort Florence et Viennot Éliane (dir.), *L'Engagement des hommes pour l'égalité des sexes*, Saint-Étienne, université de Saint-Étienne, 2013.

Rossi Alice S., *The Feminist Papers From Adam to de Beauvoir* (1973), Boston, Northeastern University Press, 1988.

Rupp Leila J., *Worlds of Women : The Making of an International Women's Movement*, Princeton, Princeton University Press, 1997.

Schulz Kristina (éd.), *The Women's Liberation Movement : Impacts and Outcomes*, New York, Oxford, Berghahn, 2017.

Sedghi Hamideh, *Women and Politics in Iran Veiling, Unveiling, and Reveiling*, Cambridge, Cambridge University Press, 2007.

Smith Bonnie G. (éd.), *Global Feminism since 1945*, Londres, Routledge, 2000.

Taylor Barbara, *Eve and the New Jerusalem Socialism and Feminism in Nineteenth Century*, Londres, Virago, 1983.

Tetrault Lisa, *The Myth of Seneca Falls : Memory and the Women's Suffrage Movement, 1848-1898*, Chapel Hill, University of North Carolina Press, 2014.

Thébaud Françoise, *Écrire l'histoire des femmes et du genre*, Lyon, ENS Éditions, 2007.

Thompson Elizabeth, *Colonial Citizens : Republican Rights, Paternal Privilege and Gender in French Syria and Lebanon*, New York, Columbia University Press, 2000.

Threlfall Monica (éd.), *Mapping the Women's Movement : Feminist Politics and Social Transformation in the North*, Londres, Verso, 1996.

Valle-Ferrer Norma, *Luisa Capetillo : historia de una mujer proscrita*, Rio Piedras, Editorial Cultural, 1990.

Women's Studies International Forum, « Circling the Globe : International Feminism Reconsidered, 1910 to 1975 », sous la direction d'Ellen Carol Dubois et Katie Oliviero, vol. 32, n° 1, numéro spécial, janvier-février 2009.

Zancarini-Fournel Michelle, « Histoire(s) du MLAC (1973-1975) », *Clio. Histoire, femmes et sociétés*, n° 18, 2003, p. 241-252.

主要参照雑誌

Arenal. Revista de Historia de las mujeres.

Aspasia : The International Yearbook of Central, Eastern, and Southeastern European Women's.

Cahiers du genre.

Cahiers genre et développement.

Clio. Femmes, genre, histoire / Clio Women, Gender, History.

Gender & History.

Genesis. Società Italiana delle Storiche.

Genre & Histoire.

Genre, travail et sociétés.

L'Homme. Europäische Zeitschrift für feministische Geschichtswissenschaft.

Nouvelles Questions féministes.

Women's History Review.

Women's Studies International Forum.

文庫クセジュ　Q1068
世界のなかのフランスのフェミニズム

2025年 1 月10日　印刷
2025年 2 月 5 日　発行
著　者　フロランス・ロシュフォール
訳　者 © 伊達聖伸
発行者　岩堀雅己
印刷・製本　株式会社平河工業社
発行所　株式会社白水社
東京都千代田区神田小川町 3 の 24
電話 営業部 03 (3291) 7811 / 編集部 03 (3291) 7821
振替 00190-5-33228
郵便番号 101-0052
www.hakusuisha.co.jp

乱丁・落丁本は，送料小社負担にてお取り替えいたします．
ISBN978-4-560-51068-1
Printed in Japan